1ª edição
5.000 exemplares
Abril/2022

Capa e projeto gráfico
Juliana Mollinari

Imagem Capa
Shutterstock | MAXSHOT.PL

Diagramação
Juliana Mollinari

Revisão
Alessandra Miranda de Sá
Ana Maria Rael Gambarini
Maria Clara Telles

Assistente editorial
Ana Maria Rael Gambarini

Coordenação editorial
Ronaldo A. Sperdutti

Impressão
Gráfica Paulus

Todos os direitos estão reservados.
Nenhuma parte desta obra pode ser reproduzida ou transmitida por qualquer forma e/ou quaisquer meios (eletrônico ou mecânico, incluindo fotocópia e gravação) ou arquivada em qualquer sistema ou banco de dados sem permissão escrita da Editora.

O produto da venda desta obra é destinado à manutenção das atividades assistenciais da Sociedade Espírita Boa Nova, de Catanduva, SP.

© 2022 by Boa Nova Editora

Instituto Beneficente Boa Nova
Entidade coligada à Sociedade Espírita Boa Nova
Av. Porto Ferreira, 1.031 | Parque Iracema
Catanduva/SP | CEP 15809-020
17 3531.4444

www.**boanova**.net
boanova@boanova.net

Dados Internacionais de Catalogação na Publicação (CIP)
(Câmara Brasileira do Livro, SP, Brasil)

```
Assis, Florisbela de (Espírito)
   Quando a ilusão acaba / ditado por Florisbela de
Assis ; [psicografado por] Ariovaldo Cesar Junior. --
1. ed. -- Catanduva, SP : Boa Nova Editora, 2022.

   ISBN 978-65-86374-19-3

   1. Espiritismo 2. Obras psicografadas
3. Romance espírita  I. Cesar Junior, Ariovaldo.
II. Título.
```

22-103898   CDD-133.9

Índices para catálogo sistemático:

1. Romance espírita : Espiritismo   133.9

Maria Alice Ferreira - Bibliotecária - CRB-8/7964

QUANDO A ILUSÃO ACABA

ARIOVALDO CESAR JUNIOR
DITADO POR **FLORISBELA DE ASSIS**

AGRADECIMENTOS

Agradeço a Deus e à minha querida esposa Kris pelo incentivo na realização deste trabalho.

Agradeço aos amigos pela ajuda sempre presente.

SUMÁRIO

Capítulo 1 – O morto 9

Capítulo 2 – O início das atividades 17

Capítulo 3 – O passe 21

Capítulo 4 – Os problemas na mocidade 24

Capítulo 5 – O conhecimento da vida anterior 28

Capítulo 6 – O socorro imediato 35

Capítulo 7 – O interrogatório na delegacia 38

Capítulo 8 – O golpe 41

Capítulo 9 – A saída do hospital 47

Capítulo 10 – A peça *Os Miseráveis* 50

Capítulo 11 – O investigador 57

Capítulo 12 – O primeiro encontro 60

Capítulo 13 – O agradecimento 66

Capítulo 14 – O escritório de produções artísticas 70

Capítulo 15 – No apartamento de Sônia 75

Capítulo 16 – O segurança do hotel 81

Capítulo 17 – A libertação de Sônia 91

Capítulo 18 – Mudança de vida 94

Capítulo 19 – O pedido 99

Capítulo 20 – Mudança para Minas Gerais 104

Capítulo 21 – Festa de despedida 107

Capítulo 22 – A tragédia 112

Capítulo 23 – Recomeço de vida 117

Capítulo 24 – Hospitalização 121

Capítulo 25 – A palestra do médium 127

Capítulo 26 – Nova investigação 133

Capítulo 27 – Visita na UTI 139

Capítulo 28 – Retorno ao corpo 143

Capítulo 29 – Reencontro 148

Capítulo 30 – Preparativos para o casamento 152

Capítulo 31 – Compras no supermercado 156

Capítulo 32 – Notícias de Uberaba 161

Capítulo 33 – Crime do diretor da multinacional 166

Capítulo 34 – Transferência para o Rio de Janeiro 172

Capítulo 35 – Remédio amargo 177

Capítulo 36 – Casamento 181

CAPÍTULO 1

O MORTO

São Paulo, janeiro de 2002.

O telefone tocou com insistência. Eram quase duas horas da manhã de uma terça-feira fria e chuvosa. Madalena atendeu sonolenta.

– Madalena, é você? – perguntou sua amiga Sônia com voz agitada, nervosa.

Madalena demorou para situar-se e respondeu assustada:

– O que aconteceu?

— Pelo amor de Deus, Madalena, preciso de você com urgência! – falava e chorava ao mesmo tempo a amiga. – Aconteceu um desastre. Me ajude, por favor!

— Fale devagar. O que está acontecendo?

— Preciso de você aqui o mais rápido possível. Agora, entendeu? Preciso de você!

— Você sabe que horas são?

— Sei sim, mas só você pode me ajudar! Venha, por favor, eu imploro!

Com muito esforço, Madalena sentou-se na cama, acendeu a luz do abajur, conferiu novamente as horas e ficou preocupada:

— Sônia, eu preciso saber o que está acontecendo! Não vou sair de casa neste horário. Você bebeu?

Pelo tom de voz da amiga, sabia que ela tinha bebido. Parecia não estar nada bem.

— Madalena, você é a minha melhor amiga. Preciso da sua ajuda... Matei um homem!

— O quê?!

— Isso que você escutou. Ele está aqui morto do meu lado.

Madalena saiu da cama com um pulo, e o fio do telefone derrubou o relógio de cabeceira, fazendo um grande barulho.

— Não é possível! Por que você fez isso? Quem é ele?

— Depois eu conto. Venha logo, pelo amor de Deus!

Sônia estava realmente desesperada e deixou a amiga pensando em um milhão de coisas.

— Já ligou para a polícia?

— Você é louca? Venha aqui para a gente ver o que vai fazer. Estou desorientada. Não pensei que ele fosse morrer! Juro!

— Você está sozinha em casa?

– Não estou em casa. Estou no apartamento 306 do Hotel Pensilvânia, perto da Paulista.

– Me espere, vou precisar de um táxi. Meu carro está no mecânico.

– Estou esperando. Vem logo!

Madalena ficou contrariada com aquilo tudo. Sua intuição lhe dizia que não deveria se envolver, mas, como ela e Sônia eram amigas, estudavam na mesma classe e tinham a mesma atividade (aliás, atividade que começara com as orientações da própria Sônia), não se sentiu em condições morais de fugir do problema, e resolveu ajudar a amiga. Vestiu-se, prendeu os cabelos em um rabo de cavalo e, na saída, pegou uma jaqueta quente, com capuz. Estava muito frio.

Como morava no Bixiga, depois de alguns minutos chegou ao hotel de luxo que ela conhecia bem. Procurou esquivar-se das poucas pessoas que viu no saguão de entrada, encaminhando-se como se fosse para os restaurantes, e parou no bar, onde havia algum movimento. Pediu um café para disfarçar e depois resolveu subir usando o corredor interno que dava para os elevadores, evitando a recepção. Após algumas batidas à porta, a amiga atendeu. Pela aparência dela, viu que o caso era grave, mas... será que ela estava falando toda a verdade? Foi logo perguntando:

– O que aconteceu aqui?

– Bom, eu fiz aquilo que você sabe... Coloquei o remédio na bebida dele, ele começou a tremer, depois parou de respirar e morreu – e começou a gritar. Estava bêbada.

A amiga procurou acalmá-la, mas acabou ficando mais apavorada que ela, com o coração saindo pela boca diante daquele quadro absurdo.

– Mas por que você colocou o remédio na bebida dele?

– Não me venha com sermão. Você sabe o que eu faço – e principiou a chorar, com raiva de si mesma.

Madalena quis evitar discussão naquela hora imprópria e falou, fingindo tranquilidade:

– Vamos pensar. Calma, não adianta chorar. Sente-se. Alguém viu você entrando com ele?

– Não, tomei as providências de costume. Subi primeiro; depois de alguns minutos, ele subiu. Ninguém sabe que ele está aqui; o hotel está lotado, tem uma feira no Anhembi. Ele disse que mora no interior.

O corpo estava em cima da cama, enrolado em um lençol. As duas o olhavam de longe, pensando em uma solução.

– Vamos ter que tirá-lo daqui – disse Madalena, que estava mais senhora de si.

– De que jeito? Carregá-lo nas costas pelo hotel? – exaltou-se Sônia.

– Não temos outra saída. Vamos enrolá-lo na colcha também, para ficar mais firme, e arrastá-lo para o carro. Onde estão seu carro e o carro dele?

– O meu está na garagem. Ele disse que veio de táxi. Não conhece São Paulo.

– E as coisas dele?

– Estão com ele. Antes de você chegar, aproveitei para arrumar o corpo enquanto estava quente – Sônia disse, sentindo um frio na espinha.

A amiga não quis perguntar, mas tinha certeza de que o dinheiro não seguia com o defunto. Procurou arquitetar o plano com calma. Tempo elas tinham. Para não se culpar, raciocinou que fora um acidente; a amiga não mataria ninguém. Não iria jogar fora os estudos e o futuro brilhante por um ato impensado. Resolveu ajudá-la, e que ela se entendesse com Deus. Pediu a Sônia que descesse à garagem, fosse até o carro e visse se a chave estava onde normalmente os garagistas a guardavam. Pediu também que verificasse a posição das câmeras do corredor, do elevador e da garagem.

A amiga voltou rápido. Naquele horário e com o frio que fazia, não havia ninguém nos corredores. Viu uma câmera embutida no elevador e duas outras na garagem. A chave estava em cima do pneu dianteiro.

– E agora? Tudo ficará registrado? – perguntou torcendo as mãos.

– Calma, Sônia! Tudo ficará registrado, seremos filmadas, mas não temos outra saída. Só se a gente pudesse sair voando pela janela! Precisamos é saber quem está na sala dos seguranças. Se eles perceberem pelas câmeras uma movimentação estranha, seremos presas. Senão, sairemos livres, sem problemas. Vá ver quem está na segurança, naquela sala do mezanino.

– O que eu faço?

– Vá lá pra ver! Invente uma história, peça alguma coisa para eles, vá! – Madalena estava impaciente com a falta de iniciativa da amiga.

Depois de alguns minutos, Sônia voltou dizendo que a sala estava vazia. Dois monitores estavam desligados, e somente os dos elevadores funcionavam.

– Certeza?

– Certeza absoluta! Fiquei lá um tempão para ver se aparecia alguém, mas nada, ninguém em lugar nenhum. Você acha que alguém ficaria olhando para aqueles monitores a esta hora da noite? E agora, o que vamos fazer? – perguntou.

Madalena pediu que a amiga prendesse os cabelos para não ser reconhecida. Como não tinham lenço, usaram uma fronha. A moça parecia uma camareira com aquela touca branca. Com o casaco, o disfarce ficou completo. Como o corpo já estava enrolado em um lençol, as duas o envolveram também com uma colcha, conforme tinham combinado. Madalena pediu a meia de seda de Sônia para fazer a amarração. Foram arrastando o fardo, com sacrifício, até o interior do elevador, onde o colocaram meio sentado, e apertaram o botão do segundo subsolo. Entretanto, o inevitável aconteceu: o elevador, em vez de descer, subiu. Quem o estaria chamando? Por que justo agora? Desesperadas, apertaram todos os botões possíveis e desceram no quinto andar.

Colocaram com dificuldade o corpo em um canto da parede junto da porta de incêndio. Viram que o elevador subiu até o décimo terceiro andar e depois foi para o térreo. Trêmulas, apavoradas, tentaram novamente. Desta vez deu certo: chegaram à garagem. Puxaram o embrulho até o carro, abriram o bagageiro. Nunca imaginaram que um corpo pesasse tanto! Fecharam sem fazer barulho. Voltaram para o apartamento e fizeram uma limpeza geral. Depois se arrumaram, pentearam os cabelos, passaram batom e, como duas jovens inocentes, saíram do apartamento.

Sônia foi direto para a recepção, pediu a conta e o carro. Madalena ficou esperando na lateral, na entrada dos restaurantes, e depois, já no carro, fez questão de ver se na conta constava alguma ligação telefônica feita do apartamento do hotel para a sua casa. Não havia nada. Todas tinham sido feitas do celular de Sônia, e a conta fora paga em dinheiro, como haviam combinado.

— Amanhã saberemos se alguém viu alguma coisa. Vou ligar para o Toninho, o chefe da segurança.

No carro começou a discussão. Onde jogá-lo?

— Ouvi dizer que tem jacaré e capivara no Tietê – ponderou Madalena.

— E daí? Ele está morto! Vamos jogá-lo em qualquer lugar! Pensarão que foi um sequestro ou um crime passional.

Depois de alguns comentários, ficaram com pena do defunto e o desovaram na Marginal do Rio Pinheiros, bem antes da ponte João Dias, para livrá-lo do ataque de algum animal. Retiraram a meia de seda para não deixar nenhuma pista. O local era apropriado: ninguém por perto. O mato um pouco alto encobria bem o fardo. Ainda não havia amanhecido. "Missão cumprida", pensaram. Quando retornavam pela outra marginal, já muito movimentada naquele horário, Madalena gritou apavorada:

— Pare o carro! Pare o carro!

— O que foi agora? Como vou parar neste trânsito? Aqui não tem acostamento!

— Você precisa jogar fora seu celular. As chamadas dele estão registradas e você pode ter problemas!

— Que tipo de problema?

— Se pegarem o seu telefone, encontrarão o registro das ligações dele, e o pior, as ligações que você fez para a minha casa!

— Madalena, meu celular é novo, não vou me desfazer dele!

— Pare o carro, já disse! – gritou enquanto revirava a bolsa de Sônia até encontrar o aparelho.

— Madalena, meu celular não está registrado no meu nome. Está em nome de outra pessoa, justamente para não ser localizada por nenhum cliente.

— Se a polícia pegar este telefone, você estará ligada a mim e a ele. Não sabemos se alguém nos viu, não podemos deixar pistas.

Antes mesmo de o carro estacionar direito, Madalena abriu a porta, cruzou a pista movimentada, entrou no mato e, com esforço, lançou o celular novo de Sônia no leito do rio Pinheiros.

— Agora vamos voltar. Quero pegar o celular dele!
— O quê? Você ficou maluca?
— É isso mesmo. Se não quiser, pode descer que eu vou sozinha! Vamos rápido! — e, apesar de estar sentada no banco do passageiro, colocou as duas mãos na direção, forçando para que a motorista caísse fora.

Sônia resolveu não contrariá-la. Madalena estava furiosa e poderia cometer algum desatino. Enfrentaram o congestionamento e, na ponte Cidade Jardim, fizeram o retorno. Pararam onde tinham feito a desova. O dia começava a clarear. Quase tiveram um ataque cardíaco: não encontraram o corpo. Reviraram tudo, procuraram por todos os lados, mas o morto desaparecera.

— Tem certeza de que foi aqui? — perguntou Madalena, chorando desesperada.
— Absoluta. Marquei por aquela placa de propaganda. Foi aqui.

Andaram por todos os lados, e nada. O mato estava pisado em alguns pontos, sinal de que alguém estivera por lá.

— O que será que aconteceu?
— Não sei, vamos sumir daqui!

CAPÍTULO 2

O INÍCIO DAS ATIVIDADES

O frio estava mais forte naquela manhã, e o céu, recoberto por nuvens escuras. Depois de algum tempo caladas, Madalena quebrou o silêncio:

— Eu ainda não estou acreditando. Como será possível um corpo evaporar de uma hora para outra? Impossível! Sônia, você vai ter que se apresentar à polícia!

— Nunca! Não vou à polícia nem morta. Ninguém nos viu, não tinha ninguém lá, o morto estava morto! Você que é espírita é quem deveria responder para onde foi o corpo daquele desgraçado!

Naquele momento, com os gritos da amiga, Madalena se conscientizou da besteira que fizera: envolvera-se em um crime grave. Se fossem descobertas, responderiam por homicídio. Introspectiva, percebeu que não era o momento para iniciar uma discussão. Ficaram mudas durante todo o trajeto. O carro desceu a avenida Brigadeiro Luís Antônio e, quando passavam por baixo do viaduto da avenida Treze de Maio, Madalena falou:

– Aqui está bom. Não quero descer perto de casa. Vou andar um pouco, não tenho condições de ir às aulas hoje. Vá você, não falte para não levantar suspeitas, e depois me passe as matérias dadas.

Madalena deu um beijo protocolar na amiga, cobriu-se com o capuz, enfiou as mãos nos bolsos espaçosos da jaqueta e desceu a avenida Brigadeiro em direção ao centro da cidade, travando uma luta com a própria consciência pelo que tinha acabado de fazer, arrependida de ter ajudado a amiga. Não entrou na rua onde morava e seguiu andando sem rumo. Precisava colocar os pensamentos em dia. "Meu Deus, o que eu fui fazer? Por que fui atender ao chamado dela? Agora sou uma criminosa... Vamos ser acusadas de ter matado um homem, um ser humano! O que eu fiz? E onde foi parar o corpo? Será que a polícia o encontrou? Mas como pôde evaporar daquele jeito? Acabei com a minha vida! Não aguento mais! A que ponto cheguei!" Começou a chorar, sem se importar com os olhares assustados dos primeiros transeuntes apressados que se acotovelavam com ela na calçada. Sentia-se só no mundo.

Como se estivesse sendo conduzida por alguém, virou à esquerda na rua Maria Paula e notou uma grande fila na calçada que lhe chamou a atenção. Uma fila a uma hora daquelas? Mecanicamente, abordou uma senhora que, ao ver seu estado, compadeceu-se dela e respondeu com delicadeza:

— Aqui é a Federação Espírita, é a fila para o passe. Acho que vai lhe fazer bem.

— Então esta é a Federação? — disse para si mesma.

Seu pai havia lhe pedido muitas vezes que frequentasse aquela casa, mas ela nunca o atendera, apesar de ter sido criada em uma família espírita e participado das aulas de Espiritismo para Crianças.

— Pai, não tenho tempo para estas coisas — ela havia dito. — Estou numa das melhores faculdades de São Paulo, passo as noites estudando, preciso descansar. Plantões no hospital... Ando sem tempo para nada.

A verdade é que estava mesmo estudando, no último ano de Medicina, apesar da vida desregrada que levava. Os maus hábitos começaram em plena mocidade. Muito inteligente, bonita e namoradeira, tivera vários problemas e chegara a ser alvo de um escândalo famoso em sua cidade, mas, depois de aprovada no vestibular, mudara-se para São Paulo.

Na faculdade, Sônia, sua amiga de classe, vendo as dificuldades financeiras dela, contara-lhe sobre suas atividades secretas e sugerira a mudança para garota de programa. Ela, então, começara por curiosidade. Depois havia tomado gosto pelas aventuras, adaptando-se com facilidade, e a folga financeira parecia compensar seus questionamentos interiores. Tinha comprado um *flat* e um carro popular, mas não dispensara a mesada do pai, para não chamar a atenção. Falava que o apartamento era alugado e que comprara o carro com o dinheiro que recebia de professores, trabalhando como auxiliar em algumas cirurgias.

Sônia depois lhe contara que aplicava um golpe seguro nos incautos e, com isso, conseguia mais dinheiro. Mas Madalena nunca tivera coragem para tanto. A amiga tinha fácil acesso a um medicamento hipnótico e escolhia homens casados, de preferência com filhos, pois não procurariam a polícia, por motivos óbvios. Madalena não fazia isso, mas acobertava Sônia. Riam juntas dos casos contados e se divertiam com as histórias, com a desculpa de que estavam castigando os maridos infiéis, que bem mereciam. A vítima acordava no hotel no dia seguinte sem nada e dava a desculpa para a família de que fora assaltado. Só não falava como, nem apresentava queixa na delegacia.

CAPÍTULO 3

O PASSE

Já dentro do auditório da Federação Espírita, Madalena sentou-se na segunda fileira, bem em frente ao orador, e começou a sentir-se melhor, mais calma, com a respiração tranquila. As lágrimas cessaram. Puxou um pouco mais a jaqueta para resguardar-se do frio e tirou o capuz.

Enquanto a dirigente dos trabalhos aguardava as pessoas ocuparem os lugares em silêncio, ela analisava o homem à sua frente. Ele olhou bem fundo nos seus olhos e sorriu. Ela sentiu muito respeito por ele, mas não deixou de admirar sua elegância, de terno e cachecol. Depois da prece inicial, a senhora anunciou que a exposição evangélica daquela manhã estava a cargo do dr. Reynaldo Leite. Ela elevou seu pensamento a Deus pedindo socorro pelo momento que vivia e julgou que a emoção sentida naquele instante ocorria devido ao ambiente espiritual onde se encontrava. Não sabia que seu guia espiritual aproximara-se e a amparava com ternura. Aquele era um ambiente propício para o atendimento misericordioso. Com os olhos marejados de lágrimas, esforçou-se para registrar as palavras do orador:

– Caríssimos irmãos, supliquemos ao senhor Jesus, o Mestre por excelência, que nos abençoe, nos guarde e nos dê a sua paz. Que a paz de Jesus esteja conosco neste instante...

Recordou-se do tempo em que frequentava as aulas de Evangelho para Crianças, da sua amável professora. Como estaria dona Rosinha? As aulas na infância tinham-na marcado muito. Aprendera que os ensinamentos de Jesus eram como uma semente plantada no coração de cada um e que, como aquele grão de feijão no algodão úmido, um dia ela brotaria e daria muitos frutos. Parecia estar vendo dona Rosinha ali à sua frente, sorridente, falando com entusiasmo, ao mesmo tempo em que tentava guardar na sua mente os ensinamentos do orador.

Terminada a emocionante exposição, recebeu a renovação de energias por intermédio do passe e sentiu-se com mais disposição para enfrentar as dificuldades da vida lá fora. Procurou a saída e, quase na escada que ligava o prédio à calçada, avistou ao seu lado o expositor fluente. Fez menção de cumprimentá-lo com um sorriso, mas ele veio em sua direção e falou sem rodeios:

— Antes de reencarnar, ainda no plano espiritual, você planejou a vida que está vivendo agora[1]. Os seus estudos de Medicina têm uma razão de ser. Logo que possível, comece seu trabalho. Não se deixe envolver pelas ilusões perigosas do mundo.

— Começar meu trabalho? Ainda não me formei!

— Você sabe a que trabalho me refiro: ao trabalho na seara de Jesus, pois a sua profissão será uma ferramenta muito importante. Você traz tendências do passado que somente serão vencidas com muito labor no bem e amor ao próximo. Quanto mais se dedicar aos necessitados, menos sofrerá. Lembre-se de que Jesus, nosso Mestre, asseverou que o amor cobre a multidão de pecados. Isto é, quando você amar nossos irmãos menores, diminuirá as suas dívidas na contabilidade divina — e, com um sorriso que lhe era peculiar, arrematou: — Leia o capítulo 17 de *O Evangelho segundo o Espiritismo*.

— O senhor é médium?

— Graças a Deus, por acúmulo de dívidas!

Sorriram, e ele a abraçou como um pai faria com uma filha. Sentindo sinceridade em suas palavras, mas ainda um tanto equivocada quanto ao sentido delas, pensou: "Será que ele sabe de tudo?"

---

[1] Pergunta 258, sobre a "escolha das provas", de *O Livro dos Espíritos*: "Quando no estado errante e antes de se reencarnar, o Espírito tem a consciência e a previsão das coisas que lhe sucederão durante a vida?
R – *Ele próprio escolhe o gênero de provas que quer suportar e é nisso que consiste o seu livre-arbítrio*".
Comentário de Allan Kardec à pergunta 399: "Alcançado o termo marcado pela Providência para sua vida errante, o próprio Espírito escolhe as provas às quais quer se submeter para acelerar o seu progresso, quer dizer, o gênero de existência que ele crê mais apropriado para lhe fornecer os meios, e essas provas estão sempre em relação com as faltas que deve expiar. Se triunfa, se eleva; se sucumbe, está por recomeçar. O Espírito goza sempre do seu livre-arbítrio e é em virtude dessa liberdade que, no estado de espírito, escolhe as provas da vida corporal e que, no estado de encarnado, delibera se as cumpre ou não, escolhendo entre o bem e o mal. Denegar ao homem o seu livre-arbítrio será reduzi-lo à condição de máquina".

CAPÍTULO 4

OS PROBLEMAS NA MOCIDADE

Com catorze anos de idade, Madalena começou a apresentar um comportamento irregular, apesar da boa educação que recebera. Quando tinha apenas cinco anos, sua mãe retornou à pátria espiritual e seu pai começou a frequentar um centro espírita próximo de sua casa, onde encontrou respostas para as suas dúvidas. O esclarecimento das leis naturais da vida lhe trouxe o consolo de que precisava.

Apesar das oportunidades que teve, não voltou a se casar. Funcionário público dedicado, aposentou-se após 35 anos de trabalho e dedicou-se inteiramente aos cuidados e à educação da única filha que Deus lhe dera. Enquanto ela aceitava suas orientações, ele a levava aos domingos para as aulas de evangelização infantil, até o dia em que ela se indispôs e, sem motivos justificáveis, não quis mais acompanhá-lo. Logo, a filha querida iniciou-se nas drogas lícitas, como cigarros e bebidas, arrumou amigos não recomendáveis e passou a discutir por qualquer motivo. Chegou até a dormir duas noites fora de casa, sem que ninguém soubesse onde ela se encontrava. Tornou-se agressiva, rebelde, e vivia com exigências descabidas que não podiam ser atendidas pelo pai, então o ofendia gratuitamente. Sentia prazer em vê-lo magoado.

– Eu sei o que estou fazendo. Não se meta na minha vida. Vou estudar para cair fora desta casa e desta cidade! Quero viver a minha vida!

Tudo o que ela havia aprendido nas aulas de moral cristã parecia estar esquecido. Muito inteligente e sagaz, apesar da rebeldia em casa, tirava boas notas e nunca foi reprovada. No auge do comportamento doentio, Belarmino soube que ela se encontrava às escondidas com um homem casado que tinha dois filhos. Como bom pai, desesperou-se. Ao tentar repreendê-la, por muito pouco não foi agredido fisicamente.

Em um sábado pela manhã, uma jovem senhora, com duas crianças, apareceu no portão da casa de Belarmino.

– Já que ela está se relacionando com meu marido, vim trazer os filhos dele pra ela criar!

Foi um escândalo. Toda a cidade tomou conhecimento do fato, só faltando colocar a notícia no jornal local. Belarmino nada pôde fazer. Apenas recolheu-se constrangido e pôs-se a orar enquanto as lágrimas banhavam seu rosto cansado. Havia sido eleito diretor de um centro espírita da cidade de Araraquara, no interior do Estado de São Paulo. Envergonhado com os últimos acontecimentos, procurou os amigos daquela casa de caridade e apresentou seu pedido de demissão, que foi recusado após a realização de uma reunião da Diretoria. Todos o conheciam, sabiam de suas qualidades morais e o aconselharam com carinho:

— Meu caro Belarmino, fique tranquilo. Você não responde pelos erros de sua filha...

Naquela noite, voltou a pé para casa, como sempre fazia. Sentou-se na cama e teve a intuição de pegar o exemplar de *O Evangelho segundo o Espiritismo*, que mantinha no criado-mudo. Abriu-o ao acaso e leu no Capítulo 14 um trecho da mensagem de Santo Agostinho, no item 9, que ele julgou ter sido escrito especialmente para ele:

Não rejeiteis, pois, a criança de berço que repele sua mãe, nem aquele que vos paga com ingratidão; não é o acaso que o fez assim e que vo-lo deu. Uma intuição imperfeita do passado se revela e daí julgais se um ou outro já muito odiou ou foi muito ofendido; que um ou o outro veio para perdoar ou para expiar. Mães, abraçai, pois, o filho que vos causa desgosto, e dizei-vos: "Um de nós dois foi culpado". Mereci as alegrias divinas que Deus atribui à maternidade, ensinando a essa criança que ela está sobre a Terra para se aperfeiçoar, amar e bendizer.

Sublinhou este trecho com um lápis para destacá-lo e não conseguiu dormir. Ficou pensando onde sua filha estaria àquelas horas. Ela não lhe dava notícias do que fazia e, revoltada, não concordava com nenhuma observação a respeito de seu comportamento. No dia seguinte, aprontou-se para assistir à palestra da noite. Velho e cansado, era na casa espírita que ele se reabastecia das energias necessárias para continuar as lutas de cada dia. Terminada a exposição, o orador visitante ofereceu-se para responder a perguntas relativas ao tema desenvolvido. Belarmino, com a alma amargurada, sem se importar com o assunto apresentado, perguntou à queima-roupa:

— Senhor Orson, por que Deus permite que um espírito rebelde, ingrato, viciado, agressivo, moralmente atrasado, reencarne num lar espírita?

O pai, que estava ferido até as raízes da alma, não percebeu as expressões de reprovação dos companheiros de ideal, uma vez que a pergunta era estranha ao tema abordado.

Contudo, o orador buscou inspiração do Alto e, sem nenhum sinal de incompreensão, respondeu:

— Quando seu filho está doente, o senhor procura os melhores remédios? Os melhores médicos? Os melhores hospitais?

— Sim, é claro, sempre fiz isso para minha filha! — respondeu Belarmino com segurança.

O orador fez uma pausa estudada e concluiu:

— Deus também!

Belarmino sentiu no fundo da alma a resposta consoladora, retirou o lenço que trazia no bolso da calça surrada e cobriu o rosto para que não percebessem sua dor.

CAPÍTULO 5

O CONHECIMENTO DA VIDA ANTERIOR

Quando Belarmino chegou em casa, sua filha já havia saído para as aventuras da noite. Mentalmente pediu a Deus que a amparasse onde ela estivesse. Tomou uma xícara de chá com duas bolachas salgadas, como sempre fazia, e ficou pensativo, refletindo sobre os motivos que levavam sua filha a ter um comportamento infeliz. Recebera o melhor que ele poderia ter dado: boa educação religiosa, bons conselhos, porém vivia indiferente a tudo. "Meu Deus, por quê?", ele indagava. E, ao contrário de outras noites insones, em que não conseguia pregar os olhos, nesta quase não teve tempo de se acomodar na cama e já sentiu um leve torpor, caindo em um sono profundo.

Estava de pé num canto do quarto e via seu corpo deitado na cama, mas não se assustou. Pelo que havia estudado nas aulas de espiritismo, sabia que, durante o sono, saíamos do corpo para atividades diversas no mundo espiritual[1]. Notou que uma luz suave se aproximava de onde estava. Não via mais as paredes do quarto, que agora era amplo, imenso, e ouviu uma voz que lhe disse com clareza:

– Belarmino, você está preparado para ir conosco?

Foi então que percebeu a presença de um bom espírito, acompanhado de uma equipe de espíritos socorristas, responsáveis pela luz diferente que se irradiava para todo o ambiente. Surpreso, mas tranquilo, concordou mentalmente com o convite e foi levado para uma colônia espiritual próxima da Terra. Após entrarem em um grande edifício, instalaram-se em uma sala acolhedora, e aquele orientador espiritual falou de forma paternal:

– Belarmino, temos registrado suas preces e sempre estivemos ao seu lado para ampará-lo. Estamos acompanhando suas dificuldades e seu sofrimento com nossa querida Madalena. Nós o trouxemos aqui para ajudá-lo a compreender melhor os problemas que tem vivenciado, para que esta experiência lhe sirva de consolo. No período em que você permaneceu no mundo espiritual, estudou bem sua condição e planejou seu retorno à Terra. Pediu que renascesse com Madalena, para que ela viesse como sua filha, a fim de reeducá-la, para reparar o mal que você fez a esse espírito em sua última existência, quando era um abastado fazendeiro numa cidade do sul de Minas Gerais. Deus, nosso Pai, em sua misericórdia infinita, permitiu

---

[1] Pergunta 401 de *O Livro dos Espíritos*: "Durante o sono, a alma repousa como o corpo?
R – *Não, o Espírito jamais está inativo. Durante o sono, os laços que o unem ao corpo se relaxam, e o corpo não necessita do Espírito. Então ele percorre o espaço e entra em relação mais direta com os outros Espíritos*".

que pudesse recebê-la no próprio lar. Como conhece as bênçãos da reencarnação, e considerando os méritos adquiridos nos trabalhos realizados com amor e dedicação ao próximo na vida presente, levamos seu caso aos nossos superiores e recebemos a autorização necessária, pois o consideramos preparado para o ensinamento. Vamos apresentar pequenos trechos de sua última experiência terrena, para que você entenda a origem dos problemas que o afligem e se fortaleça em seus objetivos, a fim de que não desanime jamais nesta tarefa bendita que no futuro lhe trará as alegrias e a satisfação do dever cumprido. Belarmino, antes de darmos início à sessão, vamos recordar os benefícios da reencarnação lendo um trecho de *O Evangelho segundo o Espiritismo*[2], que poderá ajudá-lo em suas reflexões:

Enfim, depois de alguns anos de meditações e de preces, o Espírito se aproveita de um corpo que se prepara na família daquele que detestou, e pede, aos Espíritos encarregados de transmitirem as ordens supremas, para ir cumprir na Terra os destinos desse corpo que vem de se formar. Qual será, pois, sua conduta nesta família? Ela dependerá, mais ou menos, da persistência de suas boas resoluções. O contato incessante dos seres que odiou é uma prova terrível sob a qual sucumbe, às vezes, se sua vontade não é bastante forte. Assim, segundo triunfe a boa ou má resolução, será amigo ou inimigo daqueles no meio do qual foi chamado a viver. Por aí se explicam esses ódios, essas repulsas instintivas que se notam em certas crianças e que nenhum ato anterior parece justificar; nada, com efeito, nessa existência, pode provocar essa antipatia; para compreendê-la, é preciso voltar os olhos sobre o passado.

---
2 Allan Kardec, *O Evangelho segundo o Espiritismo*, Capítulo XIV, item 9, 4º parágrafo. "A ingratidão dos filhos e os laços de família" (Santo Agostinho, Paris, 1862).

Terminada a leitura, o espírito benevolente prosseguiu:

— Ela precisa muito de você e você precisa dela.

O pai dedicado ouviu tudo com muita atenção e um misto de apreensão. A um sinal do orientador, um tecido branco desdobrou-se na frente de todos, como uma tela de cinema, e começou a ser projetado nele um trecho previamente selecionado da vida anterior de Belarmino. Ele sentiu a respiração acelerar-se sem poder controlá-la, apertou firme os braços da cadeira e reclinou as costas para trás, como se quisesse ficar longe daquela projeção.

Uma linda moça apareceu com visível tristeza no olhar e, pelas expressões conhecidas, Belarmino reconheceu prontamente Madalena, sua filha. Ficou bastante emocionado, sem perceber que, às suas costas, estava um trabalhador do bem transmitindo, pela imposição das mãos, as energias espirituais necessárias para que ele se mantivesse calmo e pudesse aproveitar a lição.

— Depois de dez anos, você vai me deixar? Você não dizia que me amava? E as promessas que me fez? Você mentiu para mim! — Madalena falava chorando.

No auge do seu desespero, jogou-se aos pés de Belarmino e, segurando suas pernas, implorou:

— Não me abandone, meu amor! Eu te amo, você é tudo para mim. O que será da minha vida sem você? Não me deixe. Fique comigo!

— Largue-me e pare de choradeira. Você é bonita, terá outros homens, poderá refazer sua vida. Vou lhe dar o dinheiro de que precisa para ser feliz, para gozar a vida! Você ainda é jovem, tem um belo futuro pela frente! — Belarmino falava com cinismo, indiferente ao sofrimento da moça que se arrastava aos seus pés.

— Mas e as suas promessas? Eu acreditei em você, e você me enganou! Você me usou durante todos estes anos. Você disse que iria abandonar sua mulher e iríamos viver na Europa! Fale! Exijo uma explicação!

— A explicação é que você foi uma aventura passageira, como muitas outras na minha vida! Se não percebeu, problema seu. Deveria ter percebido! Você foi uma fonte de prazer que secou. Que secou, entendeu? — Belarmino gritava com uma frieza revoltante, enquanto chutava a pobre jovem para se desvencilhar das suas mãos agarradas às suas calças de brim. Neste ponto da apresentação, o pai não suportou a cena e gritou alto, desesperado:

— Pare! Pare! Não aguento mais! Pare! Pare, pelo amor de Deus! — O filme foi interrompido, e o instrutor continuou com o esclarecimento enquanto Belarmino soluçava, corroído pela dor dos erros cometidos.

— Belarmino, depois de Madalena ter sido abandonada por você, escolheu uma vida difícil. Não aceitou voltar para a casa dos pais e sofreu muito. Acabou-se moralmente.

"Depois de algum tempo, quando ambos se encontravam no plano espiritual, depois de uma existência infeliz, quando você soube da situação lastimável em que ela se encontrava, compadeceu-se e, arrependido do que fizera, pediu para recebê-la como filha e obteve a permissão de Deus. A tarefa que você planejou para a presente reencarnação foi recuperá-la, tirá-la da condição moral em que você a colocou. Os dois erraram, e agora iriam reaprender juntos. O remorso corroeu sua alma e você implorou a Deus que queria reparar seus erros.

"Ela também, sofrendo muito pelos enganos cometidos, aceitou retornar ao seu lado como sua filha, na tentativa de conseguir perdoá-lo, traçando, com sua ajuda, planos de uma existência plena de trabalhos edificantes. Prometeu a si mesma que iria transformar o amor de mulher doente no amor de uma boa filha, aplicando sua inteligência e seu trabalho no amparo aos mais necessitados, para exercitar o amor fraterno junto àqueles que precisam mais do que nós.

"A ausência da mãe, que retornou no tempo combinado, uniu-os ainda mais para o aprendizado necessário. Ontem você não a queria, e hoje sofre com a ausência dela. Por misericórdia divina, ambos receberam o conhecimento da Doutrina Espírita, que é luz e consolação para nossas vidas. Porém, ela, esquecida das promessas que fez, deixou-se envolver pelas atrações ilusórias do mundo. Teria sido pior se ela não tivesse seus exemplos de pai trabalhador e religioso. Continue firme e confiante, e não desanime jamais, pois seus esforços serão recompensados no futuro. Ela precisa muito da sua compreensão e do seu amor, e você precisa dela para crescerem juntos. Confie em Deus. Nós estaremos sempre com vocês. Fomos designados para ampará-los."

Apesar do calor que fazia naquela cidade, o dia despontou com o frescor das manhãs de outono. Belarmino acordou com novos sentimentos; sentia-se em paz, confiante. Arregaçou as mangas e pôs-se ao trabalho doméstico com disposição e alegria.

Madalena voltou dos seus passeios noturnos e encontrou seu pai na cozinha. Tinha preparado o café com um delicioso bolo de fubá para recebê-la. Olhou-a com carinho e disse, com lágrimas nos olhos e o coração cheio de esperança:

– Filha, eu não vou acusá-la de nada. Sei que sou o culpado de tudo e peço que me perdoe. Eu te amo e não vou magoá-la nunca mais. Vou fazer de tudo para que você seja muito feliz! Perdoe-me. Eu te amo muito e sei o quanto errei...

Madalena recusou o café com visível mau humor e foi dormir sem entender nada. "Alguma coisa está acontecendo nesta casa", pensou. Não sofrera as cobranças nem as críticas costumeiras.

Sentira sinceridade nas palavras do pai e não tivera vontade de agredi-lo verbalmente, como das outras vezes. Nas semanas seguintes, suas saídas noturnas escassearam. Parecia que tinha perdido o gosto pelas noitadas, pelas baladas. Mergulhou firme nos estudos e, após alguns meses, foi aprovada no vestibular de uma importante faculdade de Medicina em São Paulo. Foi uma grande alegria para seu pai, que acreditava que, assim, ela se afastaria das más companhias e teria um futuro brilhante.

Belarmino aproveitou a aparente solidão que tomou conta daquela casa simples para dedicar-se mais às famílias assistidas pela instituição que amava e ler bons livros. Recebia regularmente notícias da filha, mas ela não o visitava com frequência, pois dificilmente aparecia na cidade. Sabia que ela estava bem, que a faculdade fora um presente de Deus, e era com muita alegria que se privava de muitas coisas para cumprir com o sustento da filha na capital.

CAPÍTULO 6

O SOCORRO IMEDIATO

De sua casa pobre encravada no morro, dona Matilde assistiu a tudo pelo vitrô que ficava à sua frente, acima da pia da cozinha. Viu a chegada do carro e o grande embrulho jogado no mato. Corajosa, chamou seus filhos, que estavam praticamente prontos para mais um dia de luta, e pediu ajuda. Levantava cedo para preparar o café para os dois, que trabalhavam no centro da cidade. Era diarista e aquele era seu dia de folga.

— Marcos, André, vamos até lá com a mamãe. Quero ver o que é aquilo, vamos!

Contrariados, mas obedientes, seguiram a mãe pelo estreito caminho e logo desenrolavam o pacote. Exatamente como ela suspeitava... Era um homem de aproximadamente trinta anos de idade, bem-vestido. Marcos, do seu celular, ligou para a polícia, que não tardou a chegar. Os policiais, desconfiados, analisaram tudo com cuidado e confirmaram que o homem ainda estava vivo, embora com os lábios roxos e o rosto branco como cera. Não viram nenhum ferimento. Poderia ser excesso de bebida, envenenamento ou algum tipo de droga, mas era estranho estar enrolado daquele jeito.

Pediram reforço pelo rádio e uma viatura fez o socorro imediato, conduzindo a vítima para o hospital mais próximo. No mesmo instante, o carro da polícia levava os filhos de dona Matilde, na condição de suspeitos, para a delegacia. A senhora foi dispensada e continuou seus afazeres domésticos, sentindo uma grande felicidade por terem ajudado um desconhecido, mas preocupada com os filhos, que poderiam se atrasar para o trabalho, como de fato aconteceu. Nas suas rezas matinais, passou a pedir a Deus por aquele homem: que sobrevivesse, resolvesse seus problemas e fosse muito feliz.

Na delegacia, os investigadores verificaram que os jovens não tinham passagem pela polícia, mas isto não bastou para que fosse evitado o interrogatório infamante. Foram tratados como responsáveis pelo que havia acontecido, e só foram liberados depois que um dos investigadores ligou para o serviço de um deles e obteve a confirmação de que eram bons trabalhadores e tinham residência fixa. Da delegacia, seguiram direto para o trabalho, onde contaram o ocorrido e receberam o apoio dos colegas, que ficaram indignados com o tratamento desrespeitoso que receberam.

No pronto-socorro do hospital, os policiais revistaram o homem que estava desacordado. Apreenderam seus objetos pessoais:

documentos, relógio, cartões de crédito, talão de cheques, carteira com algum dinheiro e um telefone celular desligado, enquanto ele era encaminhado para o tratamento médico de urgência, com suspeita de uso excessivo de drogas. O policial militar ligou o celular do paciente, examinou as últimas ligações ali registradas e tratou de avisar os amigos e familiares sobre a situação daquele homem. O primeiro número discado não atendeu. Era o de Sônia. O segundo número foi atendido por um rapaz.

– Fala, Edu! O que aconteceu? Você sumiu... Estamos preocupados!

– Aqui quem fala é o soldado Moreira. O que o senhor é do senhor Eduardo?

– Somos amigos de trabalho. Trabalhamos juntos na Corretora Londres. Aconteceu alguma coisa com ele? – Pelo tom de voz, o soldado percebeu que ele estava mesmo preocupado.

– O senhor Eduardo foi encontrado hoje cedo na Marginal do Rio Pinheiros, desacordado. Foi trazido aqui para o hospital. Parece que ainda não se recuperou. O senhor conhece alguém da família?

– Não, mas posso avisá-los. Também estou indo para o hospital. Quero ver como ele está.

O soldado fez mais algumas perguntas, anotou o nome da pessoa avisada, Cláudio, e deu o caso por encerrado. Se a vítima viesse a óbito, a polícia seria informada, e as providências seriam outras. Levou todos os pertences pessoais para a delegacia a fim de serem entregues para alguém da família ou para a vítima, se melhorasse.

CAPÍTULO 7

O INTERROGATÓRIO NA DELEGACIA

À noite, já em casa, Marcos desabafou com dona Matilde, sua mãe querida:

— Mãe, hoje lá na delegacia não foi fácil. Queriam que o André e eu confessássemos o que tínhamos feito com o homem. Queriam saber quais os outros que estavam com a gente. Ficamos trancados numa sala e pensei que iríamos direto para a cadeia, mas, por sorte, a gente estava com os documentos e o crachá da empresa. Não acreditaram na gente, mas acabaram telefonando para o meu chefe e fomos liberados. Nem desculpas pediram.

A mãe, procurando ser forte, chegou-se mais perto dele e aconchegou-o junto ao peito. Estavam sentados na cama que fazia as vezes de sofá. Abraçou-o e falou com carinho:

– Filho, hoje a insegurança está em todos os lugares, e os policiais, que querem resolver os crimes, como o desse moço que foi jogado na marginal, ficam desconfiados de todas as pessoas. É natural... Faz parte da época em que estamos vivendo. É o trabalho deles e eles ganham para nos proteger. Por não conhecê-los, ficaram pensando que talvez vocês fossem os culpados. O que não podemos é deixar de ajudar quem precisa. Nossa obrigação é fazer o bem sempre, custe o que custar!

Procurou então sentir se suas palavras estavam acalmando o filho angustiado.

– É, mãe, mas não é assim que se trabalha; eles deviam respeitar as pessoas...

Para não magoar o coração da mãe amorosa, não contou os detalhes de como foram interrogados.

– Mas, quando descobriram que vocês eram pessoas de bem, trabalhadoras, honestas, decidiram soltá-los. Não fique chateado... A polícia trabalha assim mesmo.

Dona Matilde iria completar dizendo que a cidade sem os policiais seria muito pior, mas resolveu não esticar o assunto para não aumentar a mágoa do filho.

André ainda não havia retornado do trabalho.

– Mãe, você sabe como nós somos tratados. Não estou mais aguentando viver em São Paulo. Somos negros e nordestinos. Quando me aproximo das pessoas que não me conhecem, percebo que elas ficam apavoradas, arregalam os olhos, acham que vão ser assaltadas. Isso não é vida. E a polícia, então? Sem falar no que aconteceu hoje de manhã. A polícia está sempre parando a gente para averiguações. Pode perguntar para o André. É que às vezes ele não fala pra senhora não ficar preocupada. Para combater esse clima de medo que toma conta de todo mundo, procuro mostrar que sou um homem bom, procuro fazer o bem, ser gentil, educado, colaborar com os meus companheiros de trabalho. Quando faço isso com estranhos, eles ficam surpresos e se assustam, acham que estou preparando alguma coisa. Não sei mais o que fazer. Ainda bem que sinto a presença do meu guia espiritual[1]. Ele fala comigo e me dá forças, mas, quando puder, quero voltar para Maceió – Marcos falou com lágrimas nos olhos, percebendo a tristeza de sua mãe.

Naquele lar, havia três espíritos bons que se amavam. A mãe, sem ter o que dizer, apenas falou o que sentia no coração:

– Meu filho, só Deus é por nós, meu filho, só Deus! – e aconchegou Marcos em seu colo, como fazia quando era pequeno, sem deixá-lo perceber que ela chorava também. Ele se entregou aos seus carinhos, sentindo que aquele abraço lhe trazia uma agradável sensação de paz.

---

[1] Pergunta 489 de *O Livro dos Espíritos*: "Há Espíritos que se ligam a um indivíduo em particular para o proteger?
R – *Sim, o irmão espiritual, a que chamais o bom Espírito ou o bom gênio.*"

CAPÍTULO 8

O GOLPE

Passava um pouco das dezenove horas quando Eduardo chegou de táxi ao Hotel Pensilvânia. Foi direto para uma mesa do bar principal, localizada ao lado do piano. Um senhor calvo, simpático, tocava algumas canções românticas. Estava com uma sacola bonita, dessas usadas para embalagem de roupas de luxo, transportando duzentos mil dólares: dez maços de vinte mil dólares cada um, bem embrulhados. Parecia uma caixa de sapatos.

Eduardo era sócio de uma corretora de valores com o amigo Cláudio, que conhecia desde a época da faculdade. Naquela noite trágica, iria entregar esse montante para um político que havia prometido beneficiá-los em uma transação a ser realizada com uma empresa estatal. E tinha de ser naquela noite, pois o contrato seria assinado dentro de alguns dias. Como passava alguns minutos do horário combinado e a pessoa não havia chegado, levantou-se, dirigiu-se ao balcão e pediu ao *barman* que fizesse uma ligação do telefone do hotel. Precavido contra os grampos telefônicos alardeados pelos jornais, só fazia ligações suspeitas de telefones públicos. O homem esperado desculpou-se alegando um imprevisto e informou que só poderia encontrá-lo por volta de meia-noite. Retornou à sua mesa e ficou pensando no que fazer naquele espaço de mais de quatro horas. Voltar para seu apartamento? Não, ele não estava com vontade de enfrentar novamente o trânsito da cidade, nem de jantar sozinho. Teve uma ideia e ligou para o sócio:

– Aquela pessoa vai demorar algum tempo ainda. Quando tudo estiver resolvido, ligarei avisando. Por favor, pegue o meu computador e abra a minha agenda no item garotas.

– Pronto! E agora?

– Passe o telefone de qualquer uma. Todas são ótimas. Devo ficar mais de quatro horas aqui e quero uma companhia para jantar.
– Mal sabia o quanto esse jantar lhe seria indigesto.

– Anote aí – e Cláudio passou o celular de Sônia, que se apresentava com o nome de Marli, estudante de Arquitetura.

Apesar de contrariada por ter recebido o convite em cima da hora, resolveu aprontar-se rapidamente e logo estava no hotel. O empresário mentiu dizendo chamar-se Paulo e ser do interior. Após o jantar e as combinações de praxe, ela subiu para o apartamento. Depois de alguns instantes, ele fez o mesmo trajeto. Findo o tempo necessário para o casal, ele se mostrou apressado devido à rapidez das horas, mas ela antecipou-se no banho, explicando que precisava de mais tempo para arrumar-se. Ele concordou com um sorriso gentil, pedindo que ela fosse rápida. "Como se isso fosse possível para as mulheres", pensou.

Quando ela penteava os cabelos e viu que ele já estava no chuveiro, resolveu matar a curiosidade. Pegou a sacola e, com a ponta da unha, rompeu o papel na dobra do embrulho, de uma forma que a abertura não pudesse ser vista. Como era de esperar, levou um susto. Abriu um pouco mais para confirmar e, sem maiores cuidados, calculou que ali houvesse uma grande fortuna. Ele não tinha perfil para o golpe costumeiro: era solteiro, bonito, com aproximadamente trinta anos de idade, elegante e com muito dinheiro. Aquilo poderia terminar em uma grande confusão, mas, por outro lado, aquela oportunidade poderia nunca mais se repetir em sua vida. Era pegar ou largar. Decidiu pegar.

Muito nervosa, apesar de experiente, não estava tranquila como nas outras vezes. Parou no meio do quarto, fechou os olhos, respirou profundamente e disse para si mesma que precisava aparentar calma e segurança para executar corretamente os próximos passos. Pegou a taça dele, onde restava um pouco de champanhe, completou-a até o nível ideal e despejou o narcótico em dose dupla. Depois, colocou sua taça na posição certa e preparou-se para oferecer o brinde diabólico. Ele ainda se enxugava quando ela, insinuante, falou com olhar apaixonado:

— Meu amor, não sairei sem um brinde para comemorar esta noite maravilhosa!

Ele riu daquele formalismo bobo, pensando a que ponto chegava a falsidade daquela gente, pois ela sairia somente depois de receber o pagamento, e não depois do brinde.

— Muito obrigado. Não gosto de champanhe!

Ela fez um beicinho ensaiado e emendou:

— Não fica bem brindar sozinha. Não é legal, dá azar.

— Coloque uísque na minha taça que brindo com você!

— Taça foi feita para champanhe. Taça sem champanhe é como amor sem beijo! — Começou a fazer gracinhas para envolvê-lo, mas ele continuava indiferente, arrumando-se para sair do quarto o mais rápido possível, pois era quase meia-noite.

— Marli, estou com pressa. Brindo com você noutro dia e será um brinde inesquecível, mas sem champanhe, e sim com uísque, e do bom!

Impossível. Não tinha como mudar a bebida. Tinha uísque no frigobar, mas não o narcótico, porque ela havia entornado tudo na taça de champanhe. Ou ele aceitava daquele jeito, ou nada feito. Continuou insistindo, mas procurando não se tornar inconveniente para não perder a presa.

— Combinado! Então da próxima vez vou preparar um brinde com uísque. Hoje você só dá um golinho e um beijo. Só isso. É uma forma romântica de a gente se despedir. Adorei você!

— Adorei você também. Vamos brindar só com o beijo!

Ele estava pronto para sair. Pegou a sacola, sorriu para ela, que estava com a taça na mão, puxou-a com força pela cintura e lhe deu um beijo romântico. Foi tão impetuoso que ela quase deixou a taça cair. E, como era de imaginar, ela ficou triste, não pela despedida, mas pelo dinheiro que escapava de suas mãos. Ele percebeu a tristeza no olhar da jovem e pensou no quanto era irresistível e como era grande o sucesso que fazia com as mulheres. Chegou a mover a maçaneta para abrir a porta, porém parou um instante, virou-se e olhou-a convencido. Prestes a sair, mas, orgulhoso, como se estivesse hipnotizado, disse resoluto:

— Você venceu!

Largou a sacola ali mesmo onde estava, voltou calmamente, medindo as reações dela, pegou sua taça no criado-mudo e cruzaram os braços, como se faz nas festas de casamento. Admirou o sorriso lindo da moça encantadora que o fitava com olhar de apaixonada e virou a taça.

Caiu como um saco vazio. Ela ainda teve tempo de agarrá-lo e empurrá-lo para cima da cama, sem nenhuma demonstração de arrependimento. A primeira providência foi conferir melhor o dinheiro e planejar bem o que iria fazer, pois, pela quantia, ele viria atrás da fortuna. Como estava tensa, resolveu beber o resto de champanhe que estava na garrafa. Bebeu no gargalo mesmo. Percebeu que seu cliente estava tendo convulsões estranhas e não achou aquilo normal. Aproximou-se com receio e passou a examiná-lo. Estava ficando com os lábios roxos, as unhas também escureciam, e os batimentos cardíacos encontravam-se quase imperceptíveis. "E se ele morrer?", pensou. Não queria matá-lo, apenas colocá-lo nocauteado por algumas horas, o tempo suficiente para fugir. Começou a se preocupar. Era a primeira vez que via aquelas reações em uma pessoa. Parecia um ataque epilético. Já tinha aprendido sobre complicações alérgicas, mas ali não havia como providenciar nenhum antídoto.

Começou a torcer para que ele melhorasse, mas o quadro foi piorando gradativamente. Logo constatou que ele não tinha mais pulso e não respirava. "Teve uma parada cardíaca!", concluiu desesperada. Não queria matá-lo. Tinha gostado dele. Começou a chorar, sem saber o que fazer. Um turbilhão de pensamentos invadiu sua cabeça: "Que providências devo tomar? Preciso ficar calma para tomar as decisões! Preciso sair dessa. Tenho que me controlar. O que devo fazer?"

Desnorteada, passou a tomar, uma por uma, as doses de bebida que encontrou na geladeira. Não poderia deixar o defunto ali na cama. Todos saberiam que ela o matara. Teria de tirá-lo dali, escondê-lo, mas como fazer aquilo sozinha? Para quem poderia pedir socorro? Lembrou-se de Madalena, mas ela saberia do dinheiro e poderia denunciá-la, ou recusar-se a ajudá-la, já que nunca aceitara aplicar aquele golpe, e hoje o golpe era grande.

Teria de esconder o dinheiro antes de telefonar, antes da chegada dela, se é que a amiga viria ajudá-la. Arrumou-se um pouco, pegou a sacola e desceu para o estacionamento. O hotel estava quase lotado. Procurou seu carro entre os vários veículos do primeiro subsolo e, não o encontrando, desceu as escadas para o segundo subsolo, onde o achou próximo do elevador. Abriu-o e colocou o dinheiro, devidamente embrulhado, sob o banco do motorista, jogando a sacola vazia na lata de lixo próxima da escada.

Desde o instante em que entrara no estacionamento, chamara a atenção de alguém, que a observava pelos monitores da sala de segurança. Não era normal um hóspede transitar naqueles andares, apenas os empregados.

A moça retornou ao apartamento e ficou sentada em um canto do quarto. Não conseguia ficar olhando para o defunto. Resolveu cobri-lo, enrolá-lo em um lençol, e telefonar para a amiga, implorando por sua ajuda. Trêmula, pegou o celular e acordou Madalena. Não era fingimento. Estava apavorada mesmo.

CAPÍTULO 9

A SAÍDA DO HOSPITAL

No dia seguinte, por volta das treze horas, Eduardo teve alta. Ainda estava confuso, sentia-se fraco, mas sabia perfeitamente tudo o que acontecera. Só que estava em uma enrascada: havia perdido uma fortuna por ter sido imprudente.

Recebera da administração do hospital o lençol e a colcha em que estivera enrolado e levou tudo para seu apartamento. Os documentos tinham sido encaminhados à delegacia para a lavratura do Boletim de Ocorrência. Jurava para si mesmo que iria encontrar a moça que o havia roubado, custasse o que custasse. O médico disse-lhe que, se demorassem mais um pouco para socorrê-lo, teria morrido.

Foi agradecer aos policiais que faziam plantão no hospital, e eles lhe deram os detalhes do que sabiam. Contaram que, por sorte, uma família o encontrara e ligara para a polícia; que normalmente ninguém faria isso, pois ninguém quer se envolver com nada, mas eram pessoas boas que, no mundo de hoje, poderiam ser consideradas heroínas. Eduardo ouviu o relato com atenção e não deixou de expressar sua gratidão a todos. Depois se dirigiu à delegacia para pegar seus objetos e assinar alguns documentos. Quando o delegado colheu seu depoimento, ele mentiu:

— Estava com meus amigos, bebemos muito e acho que eles queriam me assustar, ver a minha cara de apavorado quando acordasse na marginal enrolado num lençol. Acho que foi isso.

— Que amigos você tem, hein? Se fossem seus inimigos, não sei o que poderiam fazer — ironizou o delegado, que, ao conferir as anotações no Boletim de Ocorrência lavrado pelo policial militar, contestou: — Mas você ligou para o Cláudio, seu colega de trabalho, às vinte horas, pelo que mostra o registro no seu celular, e seu amigo disse ao policial militar que não sabia de você. Estava preocupado e sem notícias — acrescentou, desconfiado.

— Esse meu amigo não estava participando da farra — e deu um sorriso forçado.

O delegado lembrou-se de que tinha casos mais graves para resolver e liberou o moço. Mas alguma coisa lhe dizia que a história estava mal contada.

No apartamento onde morava sozinho, o jovem largou-se no sofá, apoiou a cabeça entre as mãos e olhou para o teto, contrariado consigo mesmo, pensando em como fora ingênuo a ponto de ser enganado por uma profissional que o roubara e quase o matara. Levantou-se indignado, pegou o celular no bolso do paletó e anotou o número do telefone dela, que constava no registro das ligações feitas, apesar de saber que poderia localizar aquele telefone em seu computador. Prometeu a si mesmo que iria encontrá-la nem que tivesse de revirar o mundo.

Ficou ainda um bom tempo arquitetando as providências que deveriam ser tomadas. Como administraria o prejuízo financeiro? Como seriam as negociações com a empresa estatal sem o dinheiro? Será que ainda haveria chances para a concretização do negócio? Como se desculpar com o amigo e sócio? Sentia-se envergonhado pelas atitudes que tomara. Fora extremamente irresponsável. "Precisava ter feito o que fiz?", pensava.

Levantou-se visivelmente contrariado. Demorou-se no banho mais do que devia e, ao vestir-se, voltou a sentir uma leve tontura. Separou as roupas usadas para a lavanderia, juntando também o lençol e a colcha. Emitiu um pensamento de gratidão à família que o socorrera. Sabia que tinham salvado sua vida e pensou em recompensá-los assim que estivesse melhor.

CAPÍTULO 10

A PEÇA *OS MISERÁVEIS*

Sônia, ou Marli, morava em um *flat* nos Jardins. Depois de deixar sua amiga Madalena naquele ponto da avenida Brigadeiro, ficou refletindo sobre o crime que cometera. Estava mais preocupada com o desaparecimento inexplicável do defunto do que com as consequências de seu ato. O que teria ocorrido? Cansada, nervosa, sem dormir, ainda sentindo o efeito das bebidas que tomara, pensava em chegar logo a seu apartamento, tomar um banho quente e seguir para a faculdade. Não faltar às aulas, agir com naturalidade, como se nada tivesse acontecido. Maquiagem existia para disfarçar um rosto cansado, pensava.

Estacionou o carro na garagem do seu prédio e observou se o zelador não estava por perto, pois não queria ser vista carregando aquele pacote. Olhou pelo corredor lateral e certificou-se de que ele estava na portaria conversando com alguém. Voltou para o carro, esforçando-se para demonstrar tranquilidade, abaixou-se para retirar o embrulho sob o banco e quase perdeu os sentidos. Involuntariamente, deu um grito. Caiu de joelhos e se apoiou no estribo do carro, sentindo que ia desmaiar. Seu coração pulsava em descontrole. O espaço estava vazio! Nada do embrulho. Revirou o carro totalmente, e nada. O pacote sumira! O dinheiro desaparecera! Primeiro o defunto, agora os dólares! Desorientada, sem compreender o que tinha acontecido, subiu para seu apartamento chorando de raiva, desespero, ódio, impotência. Tomou um calmante e desmaiou. Sônia não compareceu às aulas naquele dia.

Madalena andava tensa, nervosa, aguardando alguma informação pela televisão ou pelos jornais a respeito do desaparecimento daquele corpo, mas evitava conversar com Sônia sobre o assunto, mesmo quando estavam sozinhas. Dizia que as paredes tinham ouvidos, que deviam ser precavidas pois não sabiam o que estava por vir. Sentia-se observada. Será que era o espírito do morto? Pensou seriamente em parar com tudo, mudar de vida, concentrar-se nos estudos, ler bons livros, ouvir palestras edificantes, recordar-se dos ensinamentos evangélicos, mas os compromissos a impediam. O mundo era mais atraente e precisava do dinheiro extra para atender às necessidades que criava.

Queria uma nova vida, mas estava acomodada com a situação: faltava-lhe a vontade firme, a determinação.

Em uma sexta-feira, final de tarde, à saída do hospital, uma colega de classe a convidara para assistir, no sábado, à peça que estava sendo encenada no Teatro Abril, antigo Cine Teatro Paramount. A colega tinha dois ingressos. Como sua mãe não poderia acompanhá-la, precisava de uma companhia. Madalena, que necessitava distrair-se, mudar de ares, ficou muito agradecida pela gentileza e aceitou prontamente o convite. No horário determinado, as duas estavam no belo saguão do teatro, admirando a arquitetura interna daquela casa de espetáculos.

A colega de Madalena falou com entusiasmo:

— Incrível como ficou este teatro após a reforma. Que magnífico! Este prédio foi inaugurado em 1929. Foi praticamente destruído por um incêndio em 1969 e reinaugurado no ano passado com esta peça. Li nos jornais que preservaram a fachada original e este saguão com pé-direito duplo. Veja que extraordinário: estes lustres são daquela época!

Madalena completou:

— A noite será maravilhosa. Este musical faz sucesso pelo mundo há dezesseis anos e esta montagem está no nível da Broadway! Uma grande homenagem para o grande Victor Hugo. Agradeço por você ter me escolhido para acompanhá-la. Foi um presentão! E chegamos na hora certa. Esta peça deverá sair de cartaz nas próximas semanas, apesar do sucesso absoluto. Já iniciaram os ensaios do próximo espetáculo.

Felizes, aproveitaram para tomar um café expresso, enfrentando com disposição o acúmulo de pessoas no balcão da lanchonete. Nisso, sua colega foi puxada pelo braço.

— Não me conhece mais? – perguntou um moço bonito que demonstrava conhecê-la.

— Primo, você por aqui? Está sozinho? – e esticou-se alegremente para beijá-lo no rosto.

— Estou com um amigo. Fazia tempo que queria vir; precisava refrescar um pouco a cabeça. Não me apresenta? – disse, apontando Madalena com os olhos.

— Desculpe, esta é Madalena, minha amiga. Estudamos juntas.

— Muito prazer; Eduardo.

Trocaram beijinhos, como é costume entre os jovens. Os três conversaram sobre tudo. Ficaram surpresas com o moço, que estava trabalhando em pleno sábado. Saíra do escritório só para ir ao teatro. Não são apenas os médicos e seus plantões que têm um ritmo alucinado. As outras profissões também trabalham duro.

Eduardo se envolveu tanto com as moças que até se esqueceu do amigo. Quando soou o sinal para ocuparem as poltronas numeradas, ele as convidou para comerem uma pizza após o espetáculo. Ficara encantado com a beleza e a simpatia da amiga de sua prima.

Depois que elas se acomodaram, antes de abrir as cortinas, Madalena observou:

— Bonito seu primo, não?

— Bonito e muito educado! Lá em casa, gostamos muito dele. Fazia tempo que não o via. Sei que ele sofreu muito, separou-se da noiva depois de muito tempo juntos e, se não me engano, está desimpedido.

— Tenho certeza de que está livre, senão não estaria aqui com um amigo!

— Eu vi como ele olhava para você, Madalena! Ele é um bom partido.

— Eu também sou — retrucou ela com um sorriso gracioso no momento exato em que o maestro iniciava os primeiros acordes da música de *Os Miseráveis*, uma adaptação da obra imortal de Victor Hugo.

Não se viram no intervalo. No final, Eduardo as esperava nas escadarias do teatro e seguiram para uma pizzaria conhecida. Enquanto a prima conversava com seu amigo, Eduardo procurava conhecer melhor aquela moça simpática de sorriso espontâneo.

— O que você vai fazer depois de se formar?

— Tenho que fazer residência e quero me especializar em obstetrícia, mas ainda estou indecisa. Na verdade, gosto de homeopatia. Pode ser que me especialize nisso também. Uma vez sonhei que estava trabalhando como médica homeopata.

— Mas hoje você não faz residência?

— Não, fazemos internato, que é uma espécie de estágio no pé da cama, como se diz. Acompanhamos os professores no hospital, estudamos os pacientes e a evolução de cada um. Ainda não fazemos diagnósticos nem receituários. Só depois de formadas e fazendo residência é que começaremos a trabalhar como médicas. E você, o que faz de bom?

— Além de assistir a peças de teatro, quando posso, é claro, trabalho com investimentos, com aplicações financeiras. É um trabalho estressante, mas minha formação é nessa área: bancos. Uma vez sonhei com um monte de dinheiro e pensei que fosse ficar rico. Hoje entendi o sonho: trabalho com o dinheiro dos outros.

Ela riu da resposta; estava gostando daquele rapaz, mas era um gostar diferente, não como o dos namorados que já tivera. Fizeram vários comentários positivos sobre a peça e a comemoração em todo o planeta dos duzentos anos de nascimento do grande escritor francês, ocorrida no mês anterior. Eduardo fez pose e recitou com orgulho a famosa frase de Victor Hugo:

– "Escuta tua consciência antes de agir, porque a consciência é Deus presente no homem".

Madalena continuou:

– Victor Hugo era espírita, e essa frase está perfeitamente de acordo com a resposta recebida por Allan Kardec, quando perguntou: "Onde está escrita a lei de Deus?" "Na consciência", responderam os espíritos[1].

Pela naturalidade da exposição, Eduardo deduziu que ela era espírita ou simpática à doutrina dos espíritos. Aproveitou então para confessar:

– Madalena, acho que não sou espírita por falta de oportunidade, porque acredito na reencarnação. Sem a reencarnação, teria de admitir que Deus é injusto, o que é um absurdo.

Todos se calaram por uns instantes, como se estivessem refletindo sobre o que fora dito. Madalena ficou pensando nos conhecimentos que possuía e na vida dupla que levava. Novamente, sua professora de espiritismo surgiu em sua mente, repetindo a mesma aula: que os ensinamentos de Jesus plantados no coração do homem um dia brotariam como aquele grão de feijão enrolado no algodão úmido. E viu dona Rosinha, muito bonita, sorrindo para ela.

Antes de se despedirem, Eduardo perguntou à queima-roupa:

– Posso vê-la novamente?

– Sim, por que não? Foi um prazer conhecê-lo e saber que você gosta de Victor Hugo.

Eduardo quase emendou: gosto de Victor Hugo e de você, mas achou que estaria sendo muito precipitado.

---

[1] Pergunta 621 de *O Livro dos Espíritos*, de Allan Kardec.

Madalena ficara feliz com o convite. Marcaram um encontro para o próximo fim de semana. Eduardo perguntou se poderia ser no sábado à noite, e ela arrematou:

— Se você não for trabalhar... — Havia falado jocosamente, e pensou de imediato no que responderia se a pergunta fosse dirigida a ela, que, sem conseguir evitar, lembrou-se do que fazia e ficou corada.

CAPÍTULO 11

O INVESTIGADOR

Eduardo chegou ao escritório ainda ressentido de tudo o que havia sofrido. Explicou-se para o sócio e comprometeu-se a vender um apartamento de sua propriedade para pagar o prejuízo de duzentos mil dólares que dera à empresa. Aproveitou para contar o que havia acontecido. Não escondeu estar envergonhado; confessou que fora inexperiente, que não deveria ter se encontrado com uma mulher daquele tipo, estando de posse de tanto dinheiro.

— Eduardo, nada de complexo de culpa. Qualquer um teria caído nessa jogada. Vamos trabalhar com pensamento positivo.

Essa moça não tem como escapar. Vamos recuperar esse dinheiro. Ela não pode sumir com todos estes dólares. Os doleiros costumam pedir explicações da origem da grana: têm medo de serem acusados de receptação, de envolvimento em operações ilícitas de lavagem de dinheiro. Não há como se desfazer deste montante de um dia para o outro. Só precisamos encontrá-la o quanto antes.

— De que jeito?

— Conheço o Pernambuco, e ele é bom para essas coisas. Já trabalhou como detetive particular e como cobrador na empresa de um amigo. Foi tão eficiente que recebeu o que deveria receber e o que não deveria também.

— Vamos tentar falar com ele. Não podemos chamar a polícia, e temos uma boa pista: o número do celular dela.

Eduardo voltou a ter esperanças. Quem sabe Pernambuco pudesse ajudá-los? No dia seguinte, o nordestino se apresentou para os dois executivos. Estava bem-vestido, sendo magro e forte. Aparentava uns quarenta anos de idade e tinha cara de poucos amigos. Depois dos cumprimentos iniciais, foram para uma sala de reuniões onde o detetive aceitou um café e um copo d´água.

— Como o senhor prefere ser chamado? Por Pernambuco ou pelo seu nome verdadeiro?

— Podem me chamar de Pernambuco. Meu outro nome é só para a família e não misturo com trabalho — impôs, dando um sorrisinho esquisito.

— O seu trabalho é de investigação?

— Os senhores já devem ter ouvido falar do meu serviço. Eu nunca tive caso não resolvido. Só quando a pessoa "deita" é que eu não consigo dar jeito.

Eles entenderam o que o homem queria dizer. Eduardo contou tudo detalhadamente, sem ocultar nada, e fez questão de recomendar:

– Não queremos que você faça mal à moça. Só recupere o dinheiro. Quanto mais rápido trabalhar, melhor. Achamos que os dólares ainda podem estar com ela.

– Com todo o respeito, doutor, não sou principiante. Sei como trabalhar e os senhores podem confiar. Agiremos com rapidez. Se demorar, a caça foge! Já vou avisando que trabalho com meus sobrinhos, pessoal de confiança, que moram comigo na favela do Calango. É gente de experiência comprovada.

Falou o preço, que os executivos acharam alto, mas não tinham outra opção. Metade foi paga no ato, e o saldo seria pago após a conclusão do trabalho, com as despesas extras que poderiam surgir durante a operação.

– Pernambuco, você quer fazer um contrato de prestação de serviços?

– Nada de contrato não, doutor. Comigo é na palavra. Contrato não segura ninguém. O que segura é o braço.

Quando o homem se retirou, os executivos se perguntaram: "Será que fizemos um bom negócio?"

CAPÍTULO 12

O PRIMEIRO ENCONTRO

Madalena preparou-se para o encontro, aprontando-se com esmero. Tinha por Eduardo uma atração diferente. Estava ansiosa por sentir novamente seu perfume, ouvir sua voz, rirem juntos e passarem momentos agradáveis. Era o primeiro encontro depois de se conhecerem e tinha de caprichar. Suas intenções eram as melhores possíveis: achava que havia encontrado o homem ideal, aquele com quem sempre sonhara – educado, trabalhador, gentil, desses que não se encontram mais. Ele também tinha os mesmos sentimentos em relação a ela. Achava-a muito culta e inteligente, além de ter extraordinária beleza.

Marcaram o encontro em um requintado restaurante de uma praça famosa de Higienópolis. Quando ela deixou o carro com o manobrista à porta do restaurante, ele já a aguardava em uma das mesas posicionadas na calçada, que proporcionava uma bonita visão da praça. O restaurante tinha uma decoração romântica, com muitas flores e alguns vasos na calçada. Lembrava os cafés de Paris.

– Faz tempo que você chegou? – perguntou com um sorriso encantador, depois de beijá-lo no rosto com carinho.

– Fiz questão de chegar cedo para você não ficar esperando. O trânsito não estava bom e achei melhor me adiantar um pouco.

A noite estava linda, era um sábado especial. Uma brisa suave soprava de vez em quando para brincar com os cabelos castanhos dela, jogando algumas mechas em seu rosto, fazendo que ficasse mais bela. Olhos de um azul profundo, nariz e boca perfeitos, pele que parecia estar constantemente bronzeada. Sorriso claro, encantador. Suas mãos dançavam com suas palavras. Ele estava hipnotizado. No teatro, ela não parecia estar tão bonita assim. "Seus cabelos... O que será que ela fez?" Ele tomou-lhe as mãos com ternura e falou com sinceridade:

– Você está linda! Você sempre foi assim? – e sorriu com graça.

– Não, só hoje, para me encontrar com você. Amanhã voltarei a ser feia, quando terminar o encanto! – e devolveu-lhe um sorriso ainda mais encantador.

Ele beijou suas mãos com carinho. Ela ficou com vontade de pular em cima dele, mas se conteve.

– Edu, você escutou a música? – Madalena fechou os olhos, e sua expressão mostrou que estava feliz, emocionada com aquela surpresa agradável.

Naquele momento, a música da peça *Os Miseráveis* envolvia todo o ambiente e a fez recordar-se da peça e do exato momento em que o conhecera. Ele a puxou para junto de si e beijaram-se apaixonadamente.

Bem-humorado, ele falou com doçura:

— Desculpe, esqueci de perguntar. Estamos namorando?

Como resposta ganhou outro beijo, e outro e outro e outro. Depois, sorridente, recuperando o fôlego, levantou o braço e chamou:

— Garçom, por favor, socorro!

Escolheram o mesmo prato, a mesma bebida. Descobriram também que tinham os mesmos gostos para algumas músicas e filmes. Contaram como fora a semana de cada um, o trabalho, os estudos. Madalena começava a amá-lo com toda a sua alma. Só tinha olhos para Eduardo, e ele para ela. A noite terminara com juras de eterno amor.

No domingo, não puderam se encontrar. Ela tinha plantão no hospital e não encontrou ninguém que pudesse substituí-la. Ele ligou várias vezes dizendo estar morrendo de saudades. Por duas vezes, ela não pôde atendê-lo, mas, quando se desocupava, retornava a ligação com alegria.

Ele resolveu fazer-lhe uma surpresa. Como sabia que ela era espírita, na segunda-feira pela manhã, sem contar nada a ninguém, foi conhecer a Federação Espírita na rua Maria Paula. Apresentou-se, e a recepcionista encaminhou-o ao atendimento fraterno, cuja função é receber aqueles que procuram a casa pela primeira vez.

— Pois não, meu irmão, o que o traz a esta casa? — perguntou o entrevistador com atenção.

— O amor! Estou amando como nunca amei em minha vida! — respondeu Eduardo.

— Que maravilha! É a primeira vez que ouço este depoimento desde que comecei a trabalhar aqui. Normalmente, as pessoas que nos procuram apresentam algum tipo de problema, e amar não é problema, é solução!

— É isso mesmo! Acho que é a solução, pois nunca estive tão feliz.

— E você é correspondido?

— Sim, claro! E, como ela é espírita, quero conhecer melhor esta doutrina e lhe fazer uma surpresa. Acho que ela vai gostar quando souber que estive aqui e que estou procurando conhecer alguma coisa a respeito da sua religião.

— O senhor conhece alguma coisa do espiritismo?

— Praticamente nada. Quer dizer, nada mesmo. Apenas acredito que já vivemos outras vidas. Acredito na reencarnação e tenho alguns amigos espíritas, só isso.

— Então o aconselho a começar lendo *O Evangelho segundo o Espiritismo*, de Allan Kardec. Leia-o diariamente, em sequência, página por página, e vá sublinhando os trechos que falarem ao seu coração. Vou lhe dar esta ficha, que tem os dias e os horários do Curso Preparatório de Espiritismo, para o senhor começar pelo início, fazendo a matrícula para iniciar seu aprendizado. E, quando for possível, depois que ela descobrir a surpresa, traga-a aqui, pois quero conhecê-la. Ela deve estar muito feliz, porque o senhor é um bom moço. O amor é o alimento da nossa vida.

— Mas por que o senhor está falando para ler em sequência, página por página? Por acaso não é assim que se lê um livro?

— As pessoas costumam abrir o *Evangelho* ao acaso e acabam por não conhecê-lo por completo. Se o senhor quiser, pode abri-lo ao acaso também, mas antes precisa conhecê-lo e bem – e aproveitou para falar sobre o estudo do Evangelho no Lar, oferecendo alguns folhetos explicativos.

– Quanto lhe devo pela consulta?

– A mim o senhor não deve nada. Nem a mim nem a ninguém. Não cobramos por nenhum trabalho realizado nesta casa nem em nenhuma das casas espíritas. Não existe a obrigatoriedade de qualquer tipo de contribuição. Seguimos o ensinamento de Jesus: "Dai de graça o que de graça recebestes". O livro de que lhe falei poderá ser adquirido na nossa livraria, no térreo. Ali o senhor terá de pagar, porque ele teve um custo para ser produzido, mas o senhor vai constatar que não é caro, para facilitar o acesso de todos aos ensinamentos de Jesus.

– Muito obrigado pela sua atenção.

– Deus o abençoe!

Na livraria, o atendente, como bom vendedor, sugeriu também *O Livro dos Espíritos*, de Allan Kardec, argumentando que quem se diz espírita e não estuda esse livro é o mesmo que aquele que se apresenta como engenheiro sem ter feito engenharia. Ele era a base da doutrina e continha as revelações dos espíritos a Kardec.

Eduardo achou engraçado o tino comercial do livreiro, analisou a obra e gostou da forma de apresentação, em perguntas e respostas. Abriu-o ao acaso e leu:

Pergunta 386 – Dois seres que se conhecem e se amam podem se encontrar em uma outra existência corporal e se reconhecer?

Resposta – Reconhecer-se, não; mas ser atraído um para o outro, sim. Frequentemente, essas ligações íntimas, fundadas sobre uma afeição sincera, não têm outra causa. Dois seres se aproximam um do outro por circunstâncias aparentemente fortuitas, mas que são o fato da atração de dois Espíritos que se procuram na multidão.

Eduardo saiu de lá com a certeza de que a atração que sentia por Madalena fora explicada ali. Pagou pelos dois livros e pensou consigo: "Barato demais. Esse pessoal não sabe ganhar dinheiro".

Na existência passada, logo que Belarmino abandonara Madalena, então sua amante, ela escolhera ter uma vida infeliz, reprovável, e, depois de alguns anos, vencida pelas doenças, abandonada pelos amigos, envelhecida e cansada, foi amparada por um velho professor, que a socorreu até os últimos momentos de sua vida. Ele a amou com sinceridade e ela aprendeu o que era o amor desinteressado, que não aguardava recompensas, pois não tinha nada para ofertar. Acamada, impossibilitada de ter uma vida normal, ele sustentava o lar e cuidava dela e da casa. Com ele, ela conheceu as alegrias do amor sincero e foi muito feliz até o término da sua jornada terrena. Agora o velho professor a reencontrara no Teatro Abril, e ambos haviam se aproximado como dois espíritos que se procuram na multidão.

CAPÍTULO 13

O AGRADECIMENTO

Eduardo procurou sair do escritório antes de anoitecer para encontrar mais facilmente aquela casa no início do morro, próxima da Marginal do Rio Pinheiros. Dona Matilde ficou surpresa com a visita. Estava preparando o jantar. Enxugou as mãos no avental e, encabulada, estendeu-a para cumprimentá-lo.

– O senhor não é o homem que jogaram na Marginal naquele dia?

– Sim, vim agradecer pelo que a senhora fez por mim. Se a senhora não tivesse a iniciativa de chamar a polícia, o médico disse que eu teria morrido.

— Não tem nada o que agradecer. Agradeça a Deus. Só Ele para nos amparar! – disse com sinceridade.

— Meu nome é Eduardo, e o da senhora? Na polícia me disseram que a senhora tem dois filhos, não é?

— Eu me chamo Matilde. Sim, o Marcos e o André. Daqui a pouco estarão aqui. Eu trabalho pertinho, chego primeiro que eles e aproveito para adiantar o jantar.

Convidou o moço para sentar-se. Passou pela sua cabeça a ideia de perguntar o que acontecera para ele ter sido jogado no mato daquele jeito, mas, sem coragem, tratou de afastar aquele pensamento.

A casa de dona Matilde era muito pobre: sala e cozinha em um só ambiente, e um quarto onde dormiam os três: a mãe e os dois filhos. Eduardo estava sentado em uma cadeira, próximo do fogão. Atrás dele, uma cama surrada fazia as vezes de sofá, com duas almofadas servindo de encosto, que ela ficou envergonhada em oferecer. Na cadeira, ele estaria mais seguro. Em cima da geladeira velha estava a televisão desligada. Na mesa simples, uma toalha chamou a atenção de Eduardo, e ele aproveitou para puxar assunto.

— Bonita a toalha. Foi a senhora quem fez?

— Sim, aprendi com minha mãe; chama-se filé[1], produto da nossa terra lá no Norte. Antes de vir para São Paulo, trabalhava como rendeira, a família toda. Fazia bilro[2] também. Meu marido veio primeiro; tinha arrumado emprego em uma construtora, depois mandou nos chamar. Chegamos a São Paulo e não tive tempo pra mais nada. Depois meu marido me abandonou com os dois meninos pequenos e tive que trabalhar para sustentá-los. Mas não estou reclamando, não. Deus tem me dado mais do que mereço.

---

1 Filé: renda artesanal originária do Estado de Alagoas.
2 Bilro: renda feita por uma peça de madeira ou metal que também leva esse nome.

Eduardo ouviu com atenção a história que parecia ser comum a todas as famílias nordestinas, voltando depois ao assunto da toalha.

– Mas esta toalha é muito diferente, não parece crochê. É feita com barbante, bonita mesmo – e mudou de assunto: – Eles vão demorar para chegar?

– Já deveriam ter chegado. Acho que é o trânsito; tem muito congestionamento neste horário. – Para não queimar o cozido, não desgrudava os olhos da panela e continuava mexendo com uma colher de pau, sem perder o fio da conversa.

– Dona Matilde, pelo que estou vendo e pelo cheiro gostoso da comida, tenho certeza de que a senhora cozinha muito bem!

– Se o senhor não fizer questão de comer comida de pobre, experimente este mexido de carne-seca com batatas. Meus filhos adoram!

Nisso, Marcos e André abriram a porta e levaram um susto. "Quem é este sujeito?", pensaram. A mãe tratou logo de fazer a apresentação:

– Marcos, lembra aquele pacote embrulhado que jogaram ali na marginal? Pois é ele!

Cumprimentaram-se e, por alguns instantes, os moços se lembraram dos momentos desagradáveis que tiveram na delegacia. Mas agora estavam recompensados, pois o homem estava ali de pé, forte e bem-vestido. Conversaram sobre vários assuntos. Os meninos eram desinibidos e simpáticos.

– Por favor, se o senhor não se incomodar, coma alguma coisa com a gente!

Para não ser indelicado, Eduardo resolveu aceitar uma pequena porção, depois pediu para repetir um pouquinho. Não resistiu e resolveu pedir ainda mais um pouquinho. Aquela comida estava deliciosa! Sentia-se plenamente à vontade com aquela família resignada e feliz. Dona Matilde, sempre sorrindo, não escondeu que estava radiante e pensava: "Não é que ele comeu mais do que o meu André?"

Quando estava para se despedir, Eduardo pegou sua pasta, que havia deixado em um canto daquele cômodo apertado, abriu-a e tirou dela um pacote, que colocou em cima da mesa.

– Quero agradecer, mais uma vez, pelo que fizeram por mim. Hoje estou vivo graças aos bons sentimentos que vocês têm pelo próximo. Como não sabia de que modo recompensá-los, passei umas duas vezes por aqui na semana passada e achei que vocês mereciam uma casa melhor. Acho que esta quantia ajudará.

A família ficou muda olhando o presente, sem ter o que dizer, mas as lágrimas foram a melhor resposta que o empresário poderia receber naquele momento, além de ter conquistado mais três amigos nesta existência. Abraçaram-se, e Eduardo chorou com a alegria deles.

Antes de sair deixou um cartão de visita, oferecendo-se para ajudá-los naquilo que precisassem. Hoje, quem estiver caminhando por uma avenida paralela à avenida Álvaro Otacílio, na cidade de Maceió, encontrará um pequeno restaurante especializado em frutos do mar, administrado por uma família que já morou em São Paulo. Dona Matilde e a nora ficam na cozinha, enquanto os filhos Marcos e André trabalham como garçons. Ela sempre conta aos turistas a história de um anjo que um dia entrou em sua casa e lhe deu o restaurante embrulhado em um saco de papel. Ela, em troca, deu-lhe uma toalha de filé. Ninguém acredita, mas todos gostam de ouvir a história. Quem não fizer a reserva de mesa com antecedência não conseguirá provar aquela comida famosa.

CAPÍTULO 14

O ESCRITÓRIO DE PRODUÇÕES ARTÍSTICAS

No mesmo dia, Pernambuco procurou um conhecido que trabalhava na operadora de celular, com quem já tinha feito negócio em troca de propina, e perguntou:

– Por favor, me informe: este número de celular é da sua empresa?

– Sim, os nossos celulares têm este prefixo.

– Preciso saber o nome do proprietário deste número.

– Só posso dar esta informação amanhã. Tenho que falar com quem tem acesso ao banco de dados. Mas você vai se lembrar de mim?

— Claro, dos amigos a gente não se esquece! — respondeu sorridente, sabendo que teria de pagar alguma coisa.

No dia seguinte recebeu todas as informações de que precisava. O aparelho estava em nome de X Produções Artísticas Ltda., situada à rua Pedroso Alvarenga, São Paulo. E o moço deu também uma conta da tia, para que fosse feito o depósito combinado. Para manter os informantes, o pagamento era bom e rápido.

No outro dia, quase no final do expediente, o sobrinho de Pernambuco subiu até aquele escritório de produções artísticas para fazer o reconhecimento do terreno, utilizando-se das técnicas que aprendera com o tio, que o ficou aguardando em frente ao prédio, ao lado do estacionamento. Logo, o sobrinho informou pelo celular:

— Tio, o dono está sozinho; a última pessoa acabou de sair. Se não agirmos rápido, não encontraremos ninguém.

Entraram no escritório de péssima aparência, mal iluminado e de paredes sujas, com fotos de mulheres espalhadas nelas. O dono estava sozinho, encerrando mais um dia de trabalho. Via-se nitidamente que ele usava peruca. Os dois visitantes estavam elegantes, com terno e gravata de seda, e, com educação, o detetive disse que precisaria conversar em particular a respeito de uma de suas meninas.

O proprietário do escritório disse se chamar Agenor; era fotógrafo de modelos. Desconfiou de que ambos pudessem ser um desses apaixonados que apareciam de vez em quando e viu ali a oportunidade de cobrar algum extra para um possível encontro. De estúdio fotográfico, aquilo não tinha nada. Convidou os dois a entrarem e, com certo descaso, sentou-se diante de uma mesa velha, desarrumada. O sobrinho ficou disfarçando, olhando as fotos como se não quisesse nada. Pernambuco permaneceu de pé, com cara de cabra-macho, e foi direto ao assunto, sem rodeios, pois tinha pressa:

— Este celular está sendo usado por uma moça que você conhece. Preciso saber o nome e o endereço dela — informou, enquanto estendia um papel onde estava rabiscado um número.

— Desculpe, meu senhor, mas não conheço este número e não sei do que o senhor está falando.

Geralmente era assim que Agenor começava sua ladainha para valorizar o preço, fazendo-se de difícil. Mas quase não terminou a frase. Com uma rapidez incrível, o detetive agarrou-o pelo colarinho com a mão esquerda e, sob força descomunal, ergueu-o da cadeira, pressionando-o contra a parede; enfiou a mão direita no bolso do paletó e apontou para o rufião, como se ali tivesse um revólver, ao mesmo tempo em que gritava:

— Mãos para o alto, senão eu te mato, seu desgraçado! Eu te mato agora! Vire-se, vagabundo!

Enquanto isso, seu sobrinho, rápido como um gato, aplicava-lhe uma gravata.

— Pelo amor de Deus, não tenho dinheiro. Tudo o que tenho está nesta gaveta. Não me mate!

— Não quero dinheiro, não, mas você vai morrer se não der as informações de que preciso!

— Juro que não tenho nada a ver com as mulheres. Sou apenas um administrador; é um negócio como qualquer outro. Compro o celular em nome da minha empresa e faço os anúncios em jornais, revistas e internet, só isso. Não me mate, eu tenho família!

O homem estava apavorado, e Pernambuco demonstrava que tinha experiência naquele tipo de jogo.

— Eu não vou matar, não, só vou fazer o furo. Quem mata é Deus! Mãos para trás!

Enquanto seu ajudante mantinha o malandro preso, o detetive tirou do bolso um rolo de fita adesiva apropriada e imobilizou as mãos e os pés do pretenso fotógrafo, enquanto alertava:

— Se você não der o mapa desta moça, não sairá vivo daqui.

— As informações que você quer estão naquela pasta verde sobre a mesa — falou com os olhos esbugalhados, enquanto Pernambuco foi virando as fichas, até que o homem gritou: — É essa aí, essa é a Sônia, a do telefone.

Na folha lia-se: *Sônia Maria de Queiroz* e, entre parênteses, *Marli*, bem como seu endereço completo, telefones para contato, entre eles o celular conhecido, suas características físicas, uma foto em pose sensual, a informação de que era estudante de Medicina, o nome da faculdade, horário disponível e o controle dos pagamentos mensais feitos ao escritório.

— Se você avisar a qualquer pessoa neste mundo que eu estive aqui, voltarei com meus sobrinhos. — Arrancou a ficha, enfiou-a no bolso e, ao voltar, jogou o homem contra a parede, com violência. O fotógrafo implorou:

— Não vou contar nada para ninguém, mas só lhe peço uma coisa: tratem bem dela, é uma boa moça; é como uma filha para mim.

Pernambuco, revoltado, fechou a boca daquele homem cínico com o adesivo e deu uma tapa na cabeça dele, só para ver a peruca voar longe. E completou:

— Se o senhor faz esse tipo de negócio com a sua filha, imagino o que não faz com a sua mãe!

Arrancaram os fios do telefone da parede e com eles o imobilizaram em uma cadeira. Revistaram os bolsos dele e as gavetas do escritório, até encontrarem o celular do proxeneta, que foi jogado na primeira lata de lixo encontrada na calçada. Pernambuco saiu de lá batendo a porta, com vontade de voltar e dar um belo soco naquele infeliz. Precavido, pediu que seu sobrinho ficasse escondido no prédio, atrás da porta corta-fogo, no início da escada, enquanto seguiria para a casa da ladra. Avisou-o de que só deveria abandonar o posto após o sinal de que tudo estava bem. O sobrinho tirou o paletó, a gravata e a camisa, pedindo ao tio que os guardasse no carro. Vestiu apenas uma camiseta amarela e um boné tirado do bolso.

CAPÍTULO 15

NO APARTAMENTO DE SÔNIA

Não demorou muito e ele já estava na frente do prédio de Sônia, no bairro dos Jardins, acompanhado de dois sobrinhos. Passava das dezenove horas. Mandou um auxiliar fazer o reconhecimento de praxe para saber se ela estava em casa. O moço pegou um ramalhete de flores que havia comprado, vestiu um colete cinza-claro com os dizeres em amarelo: *FLORICULTURA BEM-ME-QUER* e apresentou-se à portaria. Pernambuco ficava orgulhoso por ter escolhido esse nome.

– Senhor porteiro, preciso entregar pessoalmente estas flores para a senhora Sônia, com um recado particular.

— Hoje dona Sônia deve chegar por volta das vinte horas, e o senhor só dará o recado se ela autorizar que o senhor suba. Caso contrário, as flores ficarão aqui comigo.

— Muito obrigado, voltarei mais tarde.

— Mas não muito tarde, que às vezes ela costuma sair – avisou o guarda da portaria, solícito.

Pernambuco e os sobrinhos espalharam-se estrategicamente. Ele ficou na padaria em frente ao prédio; um dos rapazes na esquina, tentando reconhecer a moça nos carros que entravam; o entregador de flores ficou um pouco afastado do prédio, agora sem o colete cinza, com a incumbência de ser o motorista. Alguns carros entraram na garagem, quase todos com os vidros escuros; consequentemente, não conseguiram reconhecê-la. Passados trinta minutos das vinte horas, Pernambuco resolveu antecipar-se.

— Boa noite, senhor porteiro, preciso ir até o apartamento da dona Sônia.

— Um minutinho que vou anunciá-lo. Qual o seu nome?

— Agenor. Diga que é uma emergência. – O porteiro ouviu o apelo e ficou achando que era ele quem havia mandado as flores. Tinha cara de apaixonado.

Sônia atendeu o interfone:

— O que o Agenor quer de mim? Pergunte, por favor! – e ficou preocupada. O fotógrafo nunca a visitara antes. O porteiro retornou com a justificativa:

— Dona Sônia, ele disse que é um assunto importante do escritório e que precisa falar com a senhora em particular.

Com má vontade, extremamente preocupada com os últimos acontecimentos, autorizou sua subida, pensando: "O Agenor é de confiança. O que ele está querendo? Se ele decidiu me procurar pessoalmente, é porque se trata de alguma coisa importante que preciso saber".

— Dona Sônia, ele pede autorização para subir com o sobrinho dele.

Sônia deduziu que se ele estava com uma pessoa da família não deveria ser assunto grave e terminou por autorizar a subida de ambos.

Antes de tocarem a campainha do apartamento, mantiveram-se em uma posição em que ela não conseguiria vê-los pelo olho mágico. Quando a porta foi aberta, entraram com violência e a imobilizaram com facilidade. Nem teve tempo de gritar. Amordaçaram-na com a fita adesiva e começaram a interrogá-la. O sobrinho mantinha os braços dela torcidos para trás.

— Dona Sônia, desculpe-nos pela entrada violenta. Não queremos machucá-la. Só queremos o dinheiro que não lhe pertence. A senhora sabe do que estamos falando! — e fez uma cara ameaçadora.

Impossibilitada de responder, fez um sinal negativo com a cabeça, entendido como recusa em devolver os dólares. Pernambuco fez a encenação de sempre: mostrou a arma no bolso do paletó e falou que ia matá-la. Perturbada emocionalmente, ela não resistiu e desmaiou.

Com um pouco de água fria no rosto, fizeram-na recobrar os sentidos. Ela voltou com os olhos vermelhos, arregalados, olhando assustada para seus algozes, pedindo com grunhidos para não morrer. Pernambuco entendeu que poderia tirar a fita de sua boca. Ela implorou:

— Não me matem, pelo amor de Deus! Eu não tenho dinheiro nenhum comigo!

— Dona Sônia, vimos pela sua ficha que a senhora é estudante de Medicina, então, sabe o valor de uma vida. Por favor, não desperdice a sua! Eu posso matá-la com a maior frieza deste mundo se a senhora não falar a verdade. Somos profissionais e temos pressa. Sua farra acabou. Entregue o dinheiro, que não lhe faremos mal.

Sônia começou a chorar desesperadamente, sem saber que seu suplício apenas começava.

Neste ínterim, no escritório de produções artísticas, o fotógrafo Agenor se desvencilhou parcialmente da cadeira e, mesmo com os pés e as mãos amarrados, conseguiu arrastar-se até a entrada do escritório. Deitado de costas, começou a chutar a porta com violência.

O sobrinho do detetive, que estava de prontidão atrás da porta de incêndio, ouviu as pancadas e ficou observando de longe a sequência dos fatos. Logo apareceram duas pessoas de outras salas daquele mesmo andar, que perceberam a situação e, com muito esforço, arrombaram a porta e soltaram o fotógrafo. Este disse ter sido vítima de assalto, pedindo que avisassem a polícia com urgência, pois o ladrão saíra para assaltar outra pessoa, e deu o endereço de Sônia. O sobrinho avisou o tio imediatamente pelo celular.

Pernambuco ficou furioso e foi obrigado a mudar os planos. Teria de sair do prédio imediatamente. Ligou para o sobrinho florista e combinaram de se encontrar em uma praça, a uma quadra da avenida Vinte e Três de Maio. Mais uma vez com a mão no bolso do paletó, encostou o dedo nas costas da estudante e disse com energia:

— Vamos embora daqui! Se você gritar ou falar alguma coisa, vou estourar seus miolos. Vamos descer até o seu carro, em silêncio. Qualquer truque de sua parte, você morre! Entendeu?

Ela fez que sim, que tinha entendido. Sabia que não estavam brincando. Arrumou-se de qualquer jeito, pegou a chave do carro e saíram. Com o braço apertando seu pescoço, o auxiliar arrastou-a até o elevador, como se fossem namorados. Pernambuco ficou com o cano do revólver pressionado em suas costas. Não encontraram ninguém no caminho. O relógio passava das 21 horas; o prédio estava calmo.

Já se ouviam ao longe as sirenes dos carros da polícia.

No subsolo, o sobrinho assumiu o volante do carro de Sônia. Ela sentou-se ao seu lado e, atrás, o tio, com o revólver apontado de dentro do paletó. Os vidros escuros do carro ajudaram bastante. O controle remoto abriu o portão do estacionamento e ganharam as ruas. Mesmo dirigindo com cautela para não despertar suspeitas, quase bateram em uma das viaturas da polícia que vinha na contramão, enquanto a outra parava em frente ao prédio. O edifício foi interditado: a partir daquele momento ninguém poderia sair nem entrar sem ser revistado. Tinham escapado por pouco.

Viraram a primeira rua à esquerda e seguiram para o ponto combinado, onde trocaram de carro. O carro de Sônia ficou estacionado naquele local.

Eduardo recebeu em seu apartamento um aviso da lavanderia, alertando que, se não retirasse seus pertences em três dias, suas roupas, o lençol e a colcha seriam vendidos para o pagamento do serviço realizado. Ele havia se esquecido de buscá-los devido às suas preocupações.

– Doutor Eduardo – falou o chinês da lavanderia –, esta joia foi encontrada enroscada na colcha.

Examinaram juntos e não conseguiram identificar se era um brinco quebrado ou um pingente de esmeralda incrustada em ouro amarelo. "Esta peça é daquela moça; ela deve tê-la perdido", pensou. Depois mostrou a pedra para o sócio e a guardou consigo. Caso Pernambuco precisasse de novas pistas, ela seria entregue.

CAPÍTULO 16

O SEGURANÇA DO HOTEL

— Tio, para onde vamos? – perguntou o sobrinho de Pernambuco.
— Vamos para a casa da Maria.

Então ligaram avisando que ela teria visitas. Maria morava em uma favela anexa à do Calango, e seu barraco ficava em um ponto estratégico, bem escondido e de fácil acesso. Enquanto se aproximavam, cobriram a cabeça de Sônia com uma blusa, que só foi retirada quando ela se encontrava dentro do casebre, em frente a Maria. Amarraram seus pés e suas mãos com a fita adesiva e a deitaram em um colchonete. O interrogatório continuou sem piedade: era preciso recuperar o dinheiro com rapidez, a todo custo.

— Dona Sônia, aqui a senhora pode ficar à vontade que ninguém vai ajudá-la. Temos a noite toda pela frente. Onde está o dinheiro? — perguntou Pernambuco.

Muito mais nervosa agora, devido à situação diferente em que se encontrava, respondeu temendo o pior:

— Não tenho um tostão comigo! — e desabou a chorar.

— Se a senhora não disser onde está o dinheiro, não sairá daqui nem morta, pois a enterraremos aqui mesmo no morro. Sua família não precisará fazer seu enterro!

— Juro que não tenho nada comigo, juro. Pelo amor de Deus, eu preciso explicar!

— Dona Sônia, eu não quero explicações, quero o dinheiro! — Pernambuco pegou um canivete e ameaçou cortar o rosto da jovem, dizendo baixinho: — Vou transformá-la num monstro, vou cortá-la em pedacinhos. A senhora vai carregar para sempre as cicatrizes da sua teimosia, por sua culpa.

— Escute, pelo amor de Deus! — implorou Sônia, aflita.

Maria fez um sinal que era para deixá-la falar. Chorando muito, a moça contou o que tinha acontecido desde o momento em que conhecera Eduardo. Quando tomara conhecimento dos dólares, colocara o entorpecente na bebida e escondera o dinheiro sob o banco do carro. Também contou que o coitado havia morrido e precisara da amiga para carregá-lo, mas sem mencionar o roubo, pois temia não ser ajudada. Falou que tinha jogado o corpo na Marginal do Rio Pinheiros e que fora roubada por alguém, pois não encontrara os dólares quando chegara em casa. O detetive acreditou, porque alguns pontos coincidiram com o relato de Eduardo. Percebeu que ela não sabia que ele estava vivo e achou melhor deixar assim.

– E essa sua amiga? – Pernambuco desconfiou de que ela poderia ter roubado o dinheiro.

– Ela não tem nada com o caso. Eu a chamei pois não conseguiria carregar o corpo sozinha. Ela não sabia de nada, juro. Levei o dinheiro para o carro antes de ela chegar!

Sônia ficou pensando em quem teria contratado aquele bandido perigoso, que não falava do morto nem queria se vingar do defunto, mas só falava do dinheiro. Porém, não estava em condições de fazer perguntas. Sua vida estava em jogo.

– Dona Sônia, não sei se a senhora está contando a verdade, mas tenho como saber. A senhora ficará neste barraco amarrada o tempo que for necessário, até eu encontrar quem a roubou. Se essa foi uma história para boi dormir, comece a rezar desde agora.

Fez mais algumas perguntas para dar início à investigação e raciocinou que o ladrão, se existisse, estaria no hotel. Perguntou quem era o chefe da segurança e o responsável pelas câmeras, pessoas que poderiam tê-la visto, e pôs mãos à obra.

Depois de alguns dias de trabalho intenso, foi ao Hotel Pensilvânia fazer a abordagem de um dos suspeitos.

– Boa tarde, preciso falar com o Toninho, encarregado da segurança. Fale que é o Pernambuco.

– O senhor não tem nome?

– Não, senhora. Este nome é suficiente, obrigado – e sorriu com simpatia.

Logo estava na presença de Toninho.

– Toninho, podemos falar em particular?

Foi gentilmente levado até a sala dos seguranças, no mezanino. Durante o trajeto percebeu que o relógio daquele moço não era compatível com seu salário.

— Pois não, senhor Pernambuco, em que posso ajudá-lo?

— Um amigo foi roubado neste hotel por uma moça, e essa moça, quando chegou a seu apartamento, não estava mais com o dinheiro roubado, isto é, ela também foi roubada por alguém aqui do hotel — falou com firmeza, fazendo a leitura mental do segurança, observando suas reações faciais. Em seguida, continuou: — Como ela andou pelo estacionamento, no primeiro e no segundo subsolos, para esconder o dinheiro no carro, com certeza foi filmada pelas câmeras de segurança. O senhor tem a gravação das câmeras do tal dia?

— Só poderemos entregar estas gravações mediante mandado judicial. São documentos sigilosos protegidos por lei. O senhor tem um mandado?

— Infelizmente, não tenho mandado judicial...

— É uma pena. Não poderemos atender seu pedido. Quanto ao roubo, não soubemos de nada. Ela chegou a fazer um Boletim de Ocorrência?

— Senhor Toninho, seria o primeiro caso de um ladrão reclamar na delegacia que roubaram o dinheiro que ele havia roubado. — Riram como se fossem amigos, mas o segurança estava inquieto, procurando uma forma de se livrar daquelas perguntas.

O detetive continuou:

— O legítimo dono do dinheiro não quis fazer BO para não se expor. Trata-se de um empresário de renome.

— Senhor Pernambuco, o senhor é da polícia?

— Não, sou detetive particular.

— Neste caso, também não posso continuar com nossa conversa. Temos regras a ser cumpridas e tenho a obrigação de preservar a segurança de nossos hóspedes. Não posso fazer comentários confidenciais com pessoas como o senhor, infelizmente.

— Mas o senhor pode me ouvir mais um pouco, por favor?

— Seja rápido. Tenho coisas a fazer. — Dizendo isso, ajeitou o nó da gravata e sentou-se melhor na cadeira, procurando demonstrar calma.

Pernambuco tirou um papel do bolso do paletó com algumas anotações e falou calmamente, medindo os olhos do segurança do hotel.

— Sua esposa chama-se Izabel e, neste exato momento, ela está dando aulas na escola Professor José Inácio...

— Espere aí, senhor Pernambuco, o senhor está passando dos limites! O que é isso?

— Desculpe, não quero tomar seu tempo, apenas mostrar meu trabalho. Ela terminará o expediente às dezoito horas e vai buscar seu filho Marcelo, de oito anos, na escola Reino da Natureza...

— Chega! Aonde o senhor quer chegar? — exaltou-se o segurança.

— Desculpe, já disse que não quero deixá-lo nervoso. Apenas estou demonstrando como é o meu trabalho. A escola do seu filho Marcelo fica na mesma rua onde o senhor mora. Seu filho Victor, de cinco anos, fica com sua sogra, dona Alexandrina.

Nesse momento, o homem levantou-se, visivelmente irritado, sem saber o que fazer, querendo fugir daquele cerco inesperado. Sem se importar com a reação de Toninho, Pernambuco, aumentando um pouco mais o tom de voz, continuou:

— O senhor está pesquisando em duas imobiliárias para trocar de casa; está procurando um apartamento de três quartos para comprar à vista. O senhor passou numa imobiliária hoje às nove horas da manhã, antes de vir para o trabalho, não é verdade?

Toninho ficou paralisado, pálido e mudo.

— Posso dizer o nome dos corretores que o estão atendendo. Posso mencionar também o carro que o senhor trocou por um modelo zero-quilômetro na concessionária da Chevrolet, que fica a duas quadras de sua casa. O senhor entregou seu carro por dezessete mil reais e pagou a diferença em dólares. Sua esposa continua com o carro dela. Senhor Toninho, sei da sua vida mais do que o senhor pensa. Estou falando com conhecimento de causa: ninguém faz compras sem dinheiro. Acho melhor o senhor raciocinar com calma para não expor sua família a nenhum perigo.

O segurança, preocupado, voltou-se e, cerrando os dentes, perguntou enérgico:

– Muito bem, o que o senhor está querendo? – e, sentando-se novamente, apoiou os punhos fechados sobre a mesa, fazendo força para se conter e não avançar no pescoço daquele nordestino chantagista que, obviamente, queria uma participação no caso. Só não deu uma lição no intruso porque ali não era o local apropriado. O investigador, percebendo que a raiva dominava seu interlocutor, falou com coragem e clareza, sem titubear:

– Senhor Toninho, quero que o senhor devolva o que não lhe pertence! – Fez uma pequena pausa e continuou, tentando convencê-lo: – O assunto ficará entre nós, não iremos denunciá-lo, nem do crime de ocultação de cadáver. O senhor sabe muito bem do que estou falando. Continuará com seu emprego e com sua família.

Toninho, pensativo, visivelmente inseguro, disse:

– O senhor não tem provas contra mim. Isto tudo são suposições, e o senhor sabe que ameaça e chantagem são crimes previstos em lei.

– Furto também é, senhor Toninho! – falou em tom de aconselhamento. – Não estou ameaçando ninguém. O senhor sabe que estou certo. Vamos até sua casa. Quero o dinheiro para levar ao verdadeiro dono.

O segurança, depois de alguns minutos, pensativo, aceitou devolver o dinheiro e, com essa decisão, confessou o crime, que era tudo de que Pernambuco precisava.

O acusado na verdade tivera uma ideia: levar o detetive até sua casa e, na primeira oportunidade, dar cabo dele. Mas... para que o ladrão não tentasse nenhum truque, o nordestino esperto resolveu alertar:

– Um momento, senhor Toninho. Trabalho com meus sobrinhos e preciso avisá-los de que estou saindo.

Pegou o celular e fez a ligação combinada. O sobrinho, que espreitava tudo de uma sala anexa, preparado para intervir caso necessário, apareceu na reunião para receber as novas ordens.

– Sobrinho, estou indo até a casa do Toninho, que você sabe onde fica. Por favor, guarde este gravador, com cuidado e até segunda ordem. Poderemos precisar dele.

Tirou do bolso do paletó um aparelho pequeno e fez menção de entregá-lo ao jovem.

O segurança percebeu que estava perdido. Ali estava gravada a conversa que haviam tido e, se acontecesse alguma coisa com o detetive, ele seria o suspeito número um. Além da confissão do roubo cometido, estava tudo registrado ali. Totalmente descontrolado diante de uma pessoa mais inteligente que ele, com os olhos saltando das órbitas e o rosto vermelho, sacou o revólver e o apontou para os dois:

– Devolva esse gravador ou mato vocês!

Pernambuco reagiu como se tivesse recebido um convite para jantar. Não se alterou e, com um sorriso confiante, falou com ponderação:

– Senhor Toninho, neste momento tenho um sobrinho acompanhando dona Izabel e outro com o seu filho Marcelo. Se eu não ligar no tempo combinado, o desastre vai ser maior do que o senhor pensa. Eles sabem que estou com o senhor; estão aguardando apenas um sinal. Se esse sinal não for dado dentro de alguns minutos, eles têm ordens a cumprir. Reconsidere o que o senhor falou, guarde esse revólver e coloque a cabeça para funcionar pelo menos uma vez. Nosso maior tesouro é nossa família, mulher e filhos. Confiamos no senhor. Vá buscar o dinheiro sozinho que ficaremos aqui esperando. Nós lhe damos esse voto de confiança. Quando me entregar os dólares, entrego o gravador e libero sua mulher e seu filho, mas o senhor tem pouco tempo para ir e voltar. Combinado? Não temos nada contra o senhor e não queremos fazer mal a ninguém. Só queremos o dinheiro. O futuro da sua esposa e do seu filho está em suas mãos. Pense nisso!

Depois de alguns instantes, pensando sobre tudo o que o nordestino havia dito, o segurança desabafou, nervoso:

– Tudo bem, vou buscar em casa o que sobrou, mas não vou entregar aqui no hotel. Esperem-me na praça de alimentação do shopping Morumbi.

– Senhor Toninho, o que sobrou, não. Queremos tudo! Pelos nossos cálculos, o senhor deve ter ainda uns 180 mil dólares, mais o carro e o relógio, se o senhor devolver tudo nós lhe daremos o troco de vinte mil dólares. Se o senhor entregar duzentos mil dólares pode ficar com o carro e o relógio, que representam 20 mil dólares.

O segurança estava perdido. Sem ter como argumentar, aceitou e saiu de cabeça baixa, mas antes deixou o relógio em cima da mesa.

Alguns minutos depois, estavam no shopping, no local combinado, onde havia grande movimentação de pessoas. Toninho apareceu com o dinheiro embrulhado em um pacote.

– Por favor, senhor Toninho, sente-se um minuto, por favor.

Sem que pudesse ser notado, Pernambuco conferiu que ali havia 160 mil dólares, pois o homem havia pegado o troco prometido de 20 mil dólares, mas precisava então devolver o carro e o relógio. O detetive trazia consigo uma sacola vermelha que havia pegado em uma das lojas e colocou o embrulho dentro, tomando o cuidado de deixar a sacola a seu lado, no banco, em uma posição estudada.

– Pernambuco, aqui está a chave do carro, o recibo de venda assinado e o tíquete do estacionamento. O carro é seu, o relógio já entreguei, estamos quites.

O detetive entregou a chave para o sobrinho que o acompanhava desde o hotel e pediu que levasse o carro imediatamente ao novo dono, dando as instruções necessárias. Intencionalmente, enquanto falava, desviava a atenção do segurança para que outro sobrinho, que passava pelo grupo sem ser notado, trocasse a sacola com o dinheiro por outra idêntica, afastando-se do local.

– Agora que você está com o dinheiro, libere a minha família – falou Toninho, totalmente vencido.

Pernambuco concordou com o pedido justo e fez a ligação para o sobrinho que espreitava a família do segurança, agindo de acordo com o trato. O segurança fez questão de acompanhá-lo até ao estacionamento, "para protegê-lo", disse ele. Pernambuco agradeceu a gentileza e riu consigo mesmo. Era a primeira vez que estava sendo protegido por um ladrão para não ser roubado. Seguiram pelos corredores do shopping em direção ao estacionamento e, próximo de um grande lago interno, com um belo chafariz, o segurança lembrou-se do gravador.

– Pernambuco, quero também que você me entregue aquele gravador.

O nordestino tirou o aparelho do bolso e o jogou na água, rindo da cara assustada do funcionário do hotel.

– Pronto, o gravador não será seu, nem meu. Está inutilizado!

O segurança acompanhou o detetive até o carro e se despediram com cordialidade fingida.

Na avenida principal da saída do shopping, já no primeiro semáforo, Pernambuco foi abordado por um motoqueiro e seu comparsa, que, armados, pediram a sacola vermelha. Ele a entregou sem pestanejar. Dentro dela havia seis latas de refrigerante embrulhadas em papel pardo, em um pacote parecido com o recebido de Toninho. Os assaltantes saíram em desabalada carreira, com a missão cumprida.

– Tio, quero ver a cara da tia Maria quando souber que você jogou no lago o radinho de pilha dela.

Um pouco mais tarde, no início da noite, o investigador e seus sobrinhos entregavam, para o doutor Eduardo, os dólares, o carro e o relógio.

– Foi fácil? – perguntou o empresário, rindo até as orelhas.

CAPÍTULO 17

A LIBERTAÇÃO DE SÔNIA

Pernambuco fazia justiça a seu modo; julgava e condenava como pensava que devia ser, por isso não se preocupou muito em libertar Sônia imediatamente de seu cárcere privado. Achava que ela não deveria ter feito o que fizera e estava pagando o preço certo, colhendo o que plantara.

No dia seguinte à recuperação dos dólares, tarde da noite, quando achou que ela tivesse sofrido o suficiente, chegou ao barraco de Maria. Para a estudante, aqueles dias haviam sido uma eternidade. Ela continuava amarrada e deitada no mesmo colchonete, alimentava-se mal, estava muito magra e pálida, com as mesmas roupas, em uma situação horrível e num ambiente extremamente desagradável.

— Agora você sabe como o homem que você matou deveria estar se sentindo enrolado naquele lençol. Resolvi soltá-la porque teve bom comportamento, a menos que queira ficar de férias mais alguns dias.

Ao ouvir aquilo, Sônia começou a chorar. Emocionalmente estava em frangalhos, insegura, com medo de morrer. O detetive continuou seu sermão:

— Vou deixá-la ao lado do seu carro. Se ele não estiver lá, a senhora vai a pé daquela praça até a sua casa. O segurança do hotel disse que viu a senhora e outra moça carregando um defunto naquela madrugada. Está tudo registrado nos filmes em poder dele. Ele não sabe nem viu quem pegou o dinheiro, porque seu carro estava fora do alcance das câmeras. Poderá reconhecê-las na polícia, se for preciso. Eu acreditei em tudo o que a senhora falou e acredito que não ficou com o dinheiro roubado, mas não posso segurá-la aqui até achar o ladrão.

Continuou mentindo, para prolongar a tortura da estudante:

— Se a senhora resolver falar de mim e dos meus sobrinhos, não se esqueça de que ainda estão procurando quem matou aquele homem, e a senhora está bem na fita. Não vou denunciá-la se a senhora não me denunciar. Não fique chateada com o que houve. A senhora teve o que mereceu, ou não mereceu? Quantos golpes a senhora já deu nos seus clientes?

Nisso foi interrompido por um dos sobrinhos, que olhava com interesse para a moça no chão.

— Tio, posso abusar dela?

— Nunca! Nunca repita isso! Nosso trabalho é honrado! Por que você acha que tenho o corpo fechado? Respeito todas as pessoas e nunca esqueço o que aprendi com minha madrinha: o que você dá para a vida, a vida devolve para você! Veja o exemplo na sua frente. Esta moça é bonita, vai ser médica amanhã e está um trapo, está um lixo. Por que você acha que ela está assim?

Recebeu de volta o que fez! Acorde, garoto! – e sacudiu o jovem pelos ombros, como que para fazê-lo refletir sobre o que falara.

Durante aqueles dias de martírio, Sônia tinha certeza de que seria executada. Aquelas pessoas estavam atrás dos dólares, e não dos responsáveis pela morte do seu cliente. Aquilo era coisa de criminosos da pior espécie. Certamente achavam que, se o moço não soubera guardar o dinheiro, havia merecido morrer, e, como ela também não tinha o dinheiro em seu poder, seria eliminada a qualquer momento.

Aqueles dias serviram para a moça refletir sobre sua dupla personalidade, sobre as consequências de seus atos. Tinha tudo e não tinha nada. Quantas jovens não queriam estudar naquela faculdade? Para que levar uma vida desregrada se se preparava para uma profissão digna? Quais benefícios havia tirado dos golpes que dera? Concluiu que estava sendo ingrata a Deus e aos pais, que a amavam e se sacrificavam para ajudá-la nos estudos. Prometeu a si mesma que, se saísse viva, pediria transferência para a faculdade de sua cidade, no Triângulo Mineiro, e começaria vida nova. "Aqui em São Paulo eu fracassei", pensava. "Vou recomeçar com o pé direito."

Quanto aos dias em que faltara na faculdade e no internato, disse que estava doente e fora para a casa de uma amiga. No prédio onde morava, ninguém desconfiou de nada. Ela tinha uma vida misteriosa, sumia sem dar satisfações a ninguém. A polícia só estivera no prédio naquela noite do chamado do fotógrafo e nunca mais tinha voltado.

O nordestino, por sua vez, prestou contas a Maria:

– Esta é sua parte para as despesas. Não reclame que é pouco, pois este é o único hotel que conheço que mantém o hóspede amarrado – e riram como riem os amigos de longa data.

CAPÍTULO 18

MUDANÇA DE VIDA

    Madalena não podia encontrar-se todos os dias com seu amado devido aos compromissos no hospital e na escola. Mesmo assim, sempre que possível, estavam juntos e faziam as promessas de todos os enamorados. No entanto, apesar de amá-lo profundamente, vivia atormentada, com sérios problemas de consciência. Desde que ajudara Sônia a transportar aquele cadáver, começara a se questionar. "Por que fiz isto?" Os acontecimentos daquela noite voltavam à sua mente quando menos esperava.

    Depois que conhecera seu grande amor, tinha encontrado as razões de que precisava para mudar de vida; fizera uma escolha definitiva e decidira ser feliz ao lado dele. Tinha parado com as atividades anteriores, com aquele comportamento condenável. Agora era outra moça. Seu amor era maior que tudo. Ainda assim, apesar da vontade firme e da franca disposição em levar uma vida digna, estava preocupada: "Como farei com a falta de dinheiro?", perguntava-se.

Para se consolar, raciocinava que suas colegas não tinham tanto e estavam bem. Viviam com simplicidade. Por que será que um dia resolvera enveredar por aquele caminho? As amigas não tinham as mesmas regalias, o mesmo conforto material, porém tinham a paz de consciência, e hoje ela sabia o que isto representava. Fora preciso um grande amor para acionar a mudança. Arrependida, chorou muitas vezes, reconhecendo sua fraqueza moral. Em uma dessas crises, quando estava sozinha no apartamento, ficou gritando bem alto que amava Eduardo. Os vizinhos quase foram socorrê-la, assustados. "Edu, eu te amo! Edu, eu te amo!"

Lembrou-se de que estava a poucos meses da formatura e que, na condição de médica, poderia melhorar seus rendimentos. As dificuldades seriam por pouco tempo. Não suportava a ideia de ser desonesta com ele, de traí-lo. Para manter o padrão que se impusera e cobrir as despesas, vendeu o carro, alegando que o pai estava passando por dificuldades. "Venci inúmeros obstáculos para chegar até aqui e posso subir mais alto com minhas próprias forças, com honestidade", dizia a si mesma.

Como parte do seu plano para mudar de vida, foi até aquele escritório que a agenciava, colocou o celular em cima da mesa e falou para o falso fotógrafo:

— Agenor, aqui está o seu celular. Retire meu nome de todos os lugares. Estou parando com tudo.

— Por acaso você recebeu alguma ameaça para tomar essa decisão? – O homem estava pensando em Pernambuco.

— Não, estou amando, só isso. Achei o homem da minha vida e quero viver só para ele.

Agenor estava acostumado com aquilo. Algumas moças se casavam, mas poucas voltavam para dar notícias.

— Ele é rico?

— Não, Agenor, ele é trabalhador, e eu o amo como nunca amei ninguém. Pretendo me casar com ele.

— Mas ele já a pediu em casamento? Se não, você não acha melhor esperar um pouco?

— Pedir em casamento ou não, pouco importa. O que importa é que estou amando e ele também me ama. Seremos eternamente felizes!

Agenor fez uma expressão de quem não acreditava muito e aproveitou para apresentar o fechamento das despesas, incluindo, como sempre, contas que não existiam. "Quem ganha bem pode pagar bem", pensava.

Quando Madalena soube que Eduardo havia procurado a Federação Espírita para conhecer o espiritismo, ficou emocionada. Entendeu que aquela iniciativa era uma grande prova de amor, e que ele fazia de tudo para agradá-la. Sentiu-se envergonhada por não estar frequentando nenhuma casa espírita. Era a consciência, mais uma vez, que a cobrava.

Apaixonados, viviam os momentos felizes com muita intensidade. Certa noite, Eduardo, sempre gentil, fez um pedido:

— Gostaria de conhecer seu pai.

— Legal! Dependendo dos meus compromissos no hospital, neste fim de semana poderemos viajar. Ele terá uma surpresa agradável. Acho que vai gostar muito de você. Eu também gostaria de conhecer sua família. São todos daqui? – perguntou Madalena, com curiosidade.

— Sim, fomos criados na Mooca, e levá-la para conhecê-los será muito fácil. Aos pouquinhos, você vai se familiarizando com o meu pessoal. Ah, estou gostando muito das aulas na Federação! Sinto não ter conhecido a Doutrina Espírita antes. Teria tomado outras decisões em minha vida, teria errado menos.

Madalena ouviu e sentiu-se enrubescer. Instintivamente, fechou os olhos por alguns instantes, envergonhada. Ela conhecia bem o espiritismo e, mesmo assim, fizera as escolhas que fizera.

As ruas arborizadas davam um ar de tranquilidade para a cidade de Araraquara, amenizando o calor daquele sábado. O céu azul, com poucas nuvens, parecia quadro de pintor famoso e anunciava que os dias próximos seriam lindos e quentes. Belarmino não se continha de tanta felicidade. Ele era pai e mãe ao mesmo tempo. Fizera a comida e o bolo de nozes de que Madalena tanto gostava, e preparara a casa para receber a filha e o namorado. Tinha arrumado algumas flores do jardim para enfeitar a mesa. Quando ela chegou, a casa iluminou-se com a alegria do pai. Notou logo a visível transformação da filha, mais bonita e carinhosa.

Belarmino recebeu Eduardo como um filho e reconheceu de pronto que ele era um bom moço, sempre gentil e educado. Riu muito quando soube que havia procurado a Federação Espírita, para conhecer a Doutrina, só por causa da filha. "Isto é que é amor", pensou. O pai recusou a ida a um restaurante dizendo que já havia preparado tudo especialmente para eles. Almoçaram naquela mesa simples, em um ambiente repleto de energias positivas, que todos podiam sentir. Como era seu costume, pediu licença e fez uma prece agradecendo a Deus pelo alimento, pela visita da filha e pelo filho que sua filha querida trouxera para ele. Depois passou parte do dia chateado por ter dito aquilo na prece. Não sabia o grau de comprometimento deles; não deveria ter dito que ele era um filho. Mas, como tinha orado com o coração, desculpou-se.

Enquanto almoçavam, Madalena observava sua casa, os cuidados do pai, a arrumação dos móveis e dos objetos, os preparativos para o almoço, seu quarto, sua cama, e recordou-se com tristeza da vida rebelde que tivera. Reconheceu que perdera um tempo precioso em não aceitar aquele velho senhor como um grande amigo.

Insistiram que viriam buscá-lo para as festividades da formatura dela. Belarmino não queria comparecer, afirmando que não suportaria tanta emoção, e fez questão de esclarecer para o futuro genro, com lágrimas nos olhos, que todo aquele sucesso era resultado do esforço exclusivo de Madalena, das muitas noites de estudos e sacrifícios, determinação e persistência. Ela não devia nada a ele. Eduardo ficou encantado com o sogro e pensou que Madalena tinha a quem puxar.

Diante daquela demonstração de humildade do pai, a filha sentiu mais uma vez o peso de sua consciência, e as lembranças do passado em sua terra natal fizeram que se arrependesse dos erros cometidos. Lentamente, o espírito imortal amadurecia sob o impulso do amor – amor por Eduardo e, agora, o despertar do amor pelo pai dedicado e fiel.

CAPÍTULO 19

O PEDIDO

São Paulo estava agitada como sempre, mas a noite avançava devagar, e uma brisa refrescante invadia o apartamento. A cortina branca de voal movia-se suavemente como que querendo flutuar. Eduardo comprou uma pizza semipronta e só teve o trabalho de colocá-la no forno. Enfeitou a mesa com esmero. As taças de champanhe receberam o refrigerante gelado, dando um ar requintado ao ambiente. A trilha sonora de *Os Miseráveis* tomou conta da sala após a ordem do controle remoto. Foi um jantar delicioso, temperado com as brincadeiras próprias dos apaixonados que nesses momentos voltam a ser crianças. Em dado instante, Eduardo percebeu que sua amada ficou introspectiva;

parecia preocupada, ou cansada. Abraçados no sofá amplo, perguntou com ternura:

— O que você tem, meu amor? Parece tristonha. Acho que seu ritmo de trabalho a está prejudicando — e a abraçou com delicadeza, acariciando seus cabelos.

— Não é nada, não. — Ela se reclinou no ombro dele como uma criança que quer o colo da mãe.

— Como não é nada? Estou percebendo que você está preocupada com alguma coisa. Quem sabe posso ajudá-la?

Ela permaneceu calada, pensativa. Ele demonstrava com essas atitudes que era um homem bom, e ela o amava cada vez mais. Abriu um sorriso lindo, procurando disfarçar seu sentimento interior, abraçou-o agradecida e beijou-o com carinho, esforçando-se para sair daquele estado depressivo. Porém, quando menos esperava, as lembranças do passado invadiam seus pensamentos.

Sua preocupação era com Sônia, que não estava indo às aulas e de quem ninguém tinha notícias. Será que haviam descoberto o crime que cometera? Ou será que se metera em outra enrascada? Estaria presa? Se a descobrissem, Madalena sabia que seria a próxima a ter de se apresentar à justiça; estava junto com a amiga, era cúmplice. No interrogatório policial, teria de confessar que ajudara a transportar o corpo, pois sozinha a amiga não teria como carregar aquele fardo. Esses pensamentos a deixavam atormentada e infeliz, e o medo de perder Eduardo a impedia de revelar sua vida pretérita e os problemas que trazia na alma. "Ele não pode saber o que eu fazia nem o que fiz, nunca! Guardarei este segredo para o resto de minha vida", pensava. Apenas os momentos felizes com seu amor lhe davam ânimo, alegria de viver e confiança no futuro.

— Logo hoje que você está assim, meu amor, eu queria lhe fazer um convite, um pedido especial que representa muito para mim – falou com charme, como se quisesse esconder alguma coisa e despertar a curiosidade dela.

– Pode fazer o convite. Estou cansada, mas estou bem. Eu te amo, portanto estou muito bem.

Esforçou-se para mudar o astral. Acomodou-se melhor no sofá e ajeitou os cabelos, como se quisesse afastar os pensamentos ruins.

– Eu queria pedir uma coisa, mas, se não for possível, tudo bem. Vou tratar deste assunto numa outra hora. Não tenho pressa. Depois eu peço.

Quase não conseguiu concluir a frase. Ela o reclinou no sofá, segurou seu colarinho com as duas mãos e disse, com um sorriso maravilhoso, que a deixava ainda mais bela:

– Você vai convidar ou vai pedir? Decida-se! Uma hora você fala que vai fazer um convite, depois que vai pedir uma coisa. O que é isso? Não me deixe nesta expectativa. Fale logo, o que você quer?

– Vou esperar um outro dia para falar disso, quando você estiver descansada, tranquila. Hoje não. Vamos mudar de assunto, depois resolveremos o que estou pretendendo. Há coisas que têm de ser pensadas e decididas com calma. Este, por exemplo, é um assunto que pode esperar. Não precisa ser hoje. Hoje não!

Ele manteve o suspense, sem conseguir esconder o sorriso matreiro de quem sabe o que está provocando.

– Não vou soltá-lo enquanto não falar o que está querendo! – ameaçou-o com carinho.

Aproveitando que ela estava bem próxima, inebriado pelo seu perfume, beijou-a com muito amor, um beijo prolongado.

– Agora fale o que você quer, meu amor, estou ansiosa – sussurrou em seu ouvido.

Ele poderia prolongar a cena, mas ficou preocupado. Mulher curiosa era um perigo. Olhou bem nos olhos dela e falou com doçura:

– Queria convidar você para morar comigo!

Ela ficou paralisada, sem saber o que responder, os olhos úmidos de emoção.

– E pedir que aceite esse convite e se mude aqui pra casa!

Novamente ela o atacou, mas sem a violência da primeira vez, agora com muito mais amor e carinho. Beijou-o repetidas vezes e disse, com um olhar apaixonado:

– Não vou responder, não vou falar nada! Também vou fazer suspense; agora é a sua vez de sofrer!

– O que diz seu coração? – Eduardo insistiu, olhando nos olhos dela.

– Meu coração?

Madalena não suportou a pergunta, que tocou os mais profundos sentimentos que trazia na alma. Refletiu um pouco e não conseguiu conter a emoção. As lágrimas caíram suavemente enquanto ele a abraçava com carinho.

– Tudo bem, meu amor, se não quiser vir, não precisa chorar – brincou Eduardo, com jeito de moleque sapeca.

Ela o envolveu em seus braços, sem se importar com as lágrimas que lhe escorriam pelo rosto:

– Estou chorando porque te amo. Seu convite era o que eu mais sonhava na vida. Estou chorando de felicidade, de amor, compreende? Eu te amo muito, meu amor!

Foram tantos beijos e abraços que terminaram por cair do sofá. Continuaram a luta no tapete da sala. Depois de certo tempo, extenuados, Eduardo explicou suas intenções:

– Vamos nos casar após a sua formatura. Não suporto mais esse ritmo, uma hora na sua casa, outra hora na minha casa. Pra que isso? Você aceitou meu convite, e eu me sinto o homem mais feliz do mundo! Vamos morar juntos enquanto não nos casamos. Economizaremos tempo de trânsito.

– Tempo de trânsito? Morar juntos pelo tempo de trânsito? – ela indagou com tom de graça, e riram tanto que não conseguiram se levantar e voltar para o sofá.

Madalena fez apenas a transferência de algumas coisas para o apartamento de Eduardo, que era maior e mais próximo da faculdade: roupas, objetos de uso pessoal e seu computador com a impressora, necessários para os trabalhos da escola.

CAPÍTULO 20

MUDANÇA PARA MINAS GERAIS

Após algumas semanas, na faculdade as aulas tomaram o ritmo de término de curso. Madalena e Eduardo encontravam-se em lua de mel, cada vez mais apaixonados.

Em uma bela manhã, Sônia reapareceu na escola. Aparentava estar com alguns quilos a menos, e o olhar sofrido, a expressão introspectiva e olheiras profundas denunciavam algum problema de saúde. Comunicou às colegas que, por questões familiares, iria se transferir para uma faculdade no sul de Minas Gerais. Havia conseguido a transferência, mas teria de fazer adaptações de algumas matérias e repetir o último ano, tendo aceitado tais exigências só pelo prazer de poder voltar a conviver com os pais. Não queria morar sozinha novamente; tinha pavor de voltar a errar.

— Estou passando por sérios problemas familiares que me obrigam a voltar para casa. Pensei muito e acho que é o melhor para a minha vida, para o meu futuro. Quero viver junto dos meus pais, aproveitar o carinho e o amor deles enquanto estão bem. Aqui em São Paulo estou sofrendo muito.

Com exceção da desculpa dos problemas familiares, o resto era verdade. Estava sendo sincera. A tristeza que trazia estampada no rosto impediu que perguntassem o que tinha acontecido. Voltar para casa era um prêmio para todos os que estudavam fora. Nada melhor que o aconchego do lar. Por isso concordaram com a decisão de Sônia e ficaram felizes por ela. Todos sabiam que o problema não era financeiro, pois ela ostentava uma condição privilegiada. E, como estudante gosta de festa, marcaram uma despedida imediata. A turma iria se reunir na pizzaria do Mané, ao lado da faculdade.

Naquele mesmo dia, Sônia sentou-se à mesa da cantina e aguardou a chegada de Madalena, que almoçaria naquele horário, como era seu costume.

— Madalena, sei que está me evitando, o que acho justo, mas não conseguiria sair da cidade sem me despedir de você — e, antes que sua amiga pudesse falar alguma coisa, continuou: — Você não imagina o que aconteceu comigo. — Visivelmente nervosa, esforçou-se para não chorar e poder contar tudo à amiga.

— O que houve? Foi por isso que você desapareceu alguns dias?

— Estou arrependida de tudo o que fiz aqui em São Paulo. Errei muito e mereci o sofrimento por que passei e estou passando... — Olhando para os lados, a fim de confirmar se não poderiam escutar sua confissão, prosseguiu aflita: — Eu enganei você naquela noite. Tinha furtado aquele homem, ele estava com muito dinheiro... — e contou o que se passara no hotel e depois a surpresa na garagem do apartamento. – Após alguns dias, fui sequestrada dentro de minha casa por dois homens perigosos. Queriam a devolução dos dólares que eu não tinha, mas não me perguntaram nada sobre o homem que morreu, o que me preocupou mais ainda. Fui mantida em cativeiro por alguns dias. Até hoje não me recuperei das torturas que sofri: fui amarrada, pés e mãos, sem poder me mexer. Ainda estou muito abalada emocionalmente; pensei seriamente que iria morrer. Depois me soltaram e fizeram ameaças. Não quero e não posso continuar aqui. Resolvi voltar para a casa dos meus pais.

Madalena ouvia tudo com assombro.

– Estou perplexa. Como alguém pôde fazer isso?

– Madalena, em nenhum momento falei de você ou a incriminei. Assumi toda a culpa porque fui a culpada de tudo, mas, para partir tranquila, preciso do seu perdão. Você foi sempre uma boa amiga e eu fui uma traidora. Traí sua confiança naquela noite. Perdoe-me! Estou mudando de vida, sinto-me arrependida do que fiz.

Apesar de ter tomado conhecimento da existência dos dólares, o que era uma falta grave, sentiu sinceridade na confidência da amiga, que se mostrava aflita, e, compadecida da situação de Sônia, Madalena segurou suas mãos e ponderou:

– Fico contente que você tenha tomado a decisão de parar e voltar para sua cidade. Eu também, desde que encontrei Eduardo, o amor da minha vida, tomei a mesma decisão. Acho que não tenho o que perdoar. Você não me deve nada, erramos juntas, não precisaríamos ter feito o que fizemos. Foi uma ilusão desastrosa e não ganhamos nada, só perdemos. Acho bom você voltar para a casa dos seus pais.

Não fizeram nenhum comentário sobre o defunto que não havia sido encontrado por elas.

CAPÍTULO 21

FESTA DE DESPEDIDA

— Edu, dia vinte, à noite, a Sônia, minha colega de classe, vai dar uma festa de despedida. Você pode me acompanhar?

— Dia vinte não posso. Tenho uma reunião com uns gringos, e penso que a festa ficará melhor com todos vocês que estudam juntos, que são amigos há muito tempo. Os estranhos só vão atrapalhar.

— Você não é estranho! Sem você, a festa não terá graça. Sem você, eu não vou! Jurei para mim mesma que, nos momentos em que não estiver trabalhando nem estudando, quero estar nos seus braços. Quer festa melhor que esta? Se você não for, eu não vou!

Eduardo achou que o argumento apresentado fora imbatível. Mesmo que ela não tivesse insistido, ele acabaria por ir. Aceitou o convite e mudou a reunião para outra data. Os gringos que esperassem.

Os dias voaram, e a noite da despedida de Sônia chegou. Eduardo deu a ideia de presentearem-na com um livro. Comprou *O Livro dos Espíritos*, de Allan Kardec, escreveu a dedicatória e assinaram juntos.

A pizzaria do Mané estava repleta de estudantes, todas as mesas forradas com toalhas estampadas, dando um colorido especial ao ambiente. Casa lotada. Dois músicos experientes tocavam músicas conhecidas, que estimulavam a alegria e o bom humor. Alguns jovens dançavam descontraidamente em um espaço arranjado entre as mesas. O restaurante era bem acolhedor, com garçons trajados com elegância: calça preta, colete vermelho e, no bolso, a marca da pizzaria gravada em amarelo-ouro. Em todas as janelas de madeira, vasos com flores naturais, que não impediam a visão da rua. A noite estava especial. Em um canto estratégico ficavam o forno e a cozinha, separados das mesas por um vidro, permitindo aos clientes que observassem o trabalho dos *pizzaiolos*, rigorosamente trajados, dando a impressão de dançar ao som das músicas, compondo assim as mais deliciosas pizzas à vista de todos. Os lustres de cristal atendiam aos mais exigentes decoradores, ornando o lugar com muita beleza e bom gosto, dando-lhe um toque de requinte.

Madalena e Eduardo chegaram um pouco atrasados e ficaram em um canto do restaurante, próximo à recepção, aguardando a ordem do *maître* para ocupar a mesa que tinham reservado. Enquanto isso, Madalena cumprimentava os amigos e trocavam as últimas novidades das aulas e do trabalho, sempre com muita graça e alegria. Eduardo, com sua beleza e simpatia, não passou incógnito. As estudantes o olhavam admiradas, sem disfarçar. Ele percebeu e fez um comentário jocoso com sua amada:

– Bem que eu não queria vir. A culpa é toda sua. – Ela, por sua vez, não perdeu o charme e aproveitou para beijá-lo, como a dizer: este tem dono, doutoras!

Madalena foi informada de que a mesa de Sônia estava próxima dos músicos. Teriam de atravessar o salão para cumprimentá-la. Resolveu então ocupar sua mesa, pedir as bebidas, escolher a pizza e esperar o momento apropriado para dar um abraço naquela que partia para Minas Gerais.

Depois de acomodados, foram vistos pela prima de Eduardo, aquela que o apresentara a Madalena no Teatro Abril.

– Fiquei sabendo que vocês estão morando juntos. Mamãe ficou radiante com a notícia!

– Hoje em dia é mais barato e mais prático, mas avise a titia que iremos nos casar assim que Madalena completar os estudos, para ela não se preocupar com estes modernismos. Para todos os efeitos estamos casados; continuo sendo um bom sobrinho e não vejo a hora de oficializar nossa união – disse Eduardo, aproveitando a chance para esclarecer alguns comentários surgidos em família. – E quero que saiba que devo a você a minha felicidade. Você me deu a oportunidade de conhecer este anjo – e puxou a amada para junto de si, beijando-a carinhosamente nos cabelos.

Madalena interrompeu com um sorriso:

– Eu é que agradeço pelos dois presentes que recebi: o amor de minha vida e a peça de teatro maravilhosa. Até agora não sei qual dos dois foi o melhor.

Riram com gosto e, depois das declarações públicas de amor, aproveitaram para colocar as notícias em dia e falar do futuro e das dificuldades normais para quem está iniciando uma profissão.

Sônia, ao saber que Madalena já tinha chegado e estava bem acompanhada, ficou curiosa e arrumou uma desculpa para cumprimentá-los. Levantou-se e foi em direção à mesa da amiga, que ficava distante, no outro extremo do salão. Já próxima, parou repentinamente e apoiou-se no encosto de uma cadeira, sentindo o salão girar e o chão sumir sob seus pés. Eduardo, como era mau fisionomista, olhando-a de relance, não a reconheceu. Ela estava mais magra, com uma cor diferente de cabelo e um novo penteado. Madalena, porém, notou que a amiga empalidecera ao se aproximar. Levantou-se e foi ao encontro dela, chegando a tempo de ampará-la para que não se esborrachasse no chão. Ela tinha desmaiado. Tudo foi tão rápido que, quando Eduardo percebeu, sua amada já havia se levantado e corria para socorrer a jovem. Um grupo de estudantes se formou em volta dela. Eduardo pensou com bom humor: "Ainda bem que aqui só tem médicos!"

Sônia perdeu sua festa de despedida. Foi levada para casa a fim de recuperar-se do mal-estar que alguns atribuíam ao excesso de bebida, mas na realidade perdera os sentidos quando vira a amiga com o homem que ela pensava ter matado.

Depois do tremendo susto, não falou com mais ninguém. Queria fugir de São Paulo com a máxima urgência possível, guardar para sempre aquele segredo e apagar o passado infeliz de sua vida, salvaguardando assim a felicidade da amiga, se é que ela não sabia que ele era o defunto desaparecido. Em alguns momentos de perturbação mental, chegou a pensar que Madalena a denunciara para os criminosos que a haviam sequestrado. Mas não acreditou naqueles pensamentos. Contudo, não pretendia voltar ao assunto, desejando apenas apagar aquela mancha terrível de sua vida.

Embarcou com sua mudança sem se despedir de ninguém. Sua saída da pizzaria no dia da festa não fez nenhuma falta. Os estudantes continuaram a confraternização com entusiasmo e alguns nem viram o que acontecera. Madalena ficou sentida, pois Eduardo perdera a oportunidade de conhecer sua colega de faculdade. No entanto, providenciou que alguém lhe mandasse pela internet as fotos tiradas na festa. Foram embora tarde da noite, e Eduardo aproveitou para dar carona a sua prima até a avenida Paes de Barros, na Mooca.

CAPÍTULO 22

A TRAGÉDIA

Madalena estava concluindo alguns trabalhos da escola quando chamou Eduardo para ver as fotos que tinha recebido em seu computador. Ele se aproximou, abraçou-a carinhosamente por trás e via por cima de seu ombro, com as explicações da amada, as fotos da festa de despedida, quando de repente levou um choque: conhecia aquela mulher de vermelho. Aliás, conhecia muito bem.

— Quem é esta moça? – perguntou, sem esconder o nervosismo.

— Esta é a Sônia – respondeu Madalena, percebendo que ele alterara o tom de voz.

— Você é amiga íntima dela?

— O que você quer dizer com isso? — Percebeu que havia algo de errado.

— Você sabe o que ela faz? — insistiu o empresário.

— Ela estuda Medicina, é o que eu sei...

Madalena se deixou trair por visível descontrole. Então, Eduardo percebeu que ela escondia alguma coisa e foi direto ao assunto:

— Ela não se chama Marli e estuda Arquitetura? — perguntou com ironia.

Madalena ficou gelada; não sabia mais o que responder. Procurou desconversar, inutilmente:

— Você a está confundindo com outra pessoa. Ela se chama Sônia. Pode ser que tenha alguma sósia, o seu rosto é comum. — Estava se complicando; sua insegurança a denunciou, e Eduardo não gostou de estar sendo enganado pela dona de seu coração.

— Você está mentindo! Percebo claramente que não está sendo sincera, e não sou bobo. Se ela é sua amiga, você sabe perfeitamente quem ela é e não está querendo me contar! Todos esses anos de faculdade e você diz que não a conhece? — gritou revoltado, entrando no quarto e batendo a porta com violência.

Não queria continuar aquela discussão, mas estava decepcionado, pois sabia que Madalena estava fingindo. Sentou-se na cama, apoiando a cabeça entre as mãos, e fechou os olhos, sentindo a respiração acelerada e o suor correndo pelo rosto, que adquiriu um tom avermelhado. Estava colérico. "Por que Madalena não fala a verdade? Ela deve saber o que a amiga faz. Qual é o problema? Por que esconder de mim?"

Pensando em tudo o que havia passado nas mãos daquela mulher, e surpreso com o comportamento da amada, viu em cima da poltrona do quarto, ao lado da cama, a frasqueira onde Madalena guardava suas joias. Envolvido por forças que não conseguia controlar, intuitivamente levantou-se, fechou a porta do quarto com a chave e, fora de si, jogou todas as joias em cima da cama. Começou então a procurar freneticamente por alguma coisa, até que encontrou uma pulseira de esmeraldas. Examinou-a com cuidado e ficou trêmulo. Apoiou-se na cama para não cair. Faltava um detalhe naquela pulseira, uma pedra. Suando frio, ofegante, alcançou um paletó no cabide à sua frente e, do bolso interno, tirou uma pedra de esmeralda incrustada em um pino de ouro amarelo. Sem muito esforço, encaixou a pedra na pulseira e completou a joia, que por sinal era delicada e muito bonita.

Saiu do quarto como um animal enfurecido; estava irreconhecível. Perguntou com voz rouca e agressiva:

— Esta pulseira é sua?

Madalena estava pálida e recuou diante da pergunta como se uma mão invisível a empurrasse. Durante os poucos minutos em que ele ficara trancado no quarto, ela fora tomada por um complexo de culpa, remorso, arrependimento. Por que escondera o passado? Agora era tarde demais. Olhou para aquela peça com os olhos assustados e respondeu sem saber o motivo da pergunta, porque ela mesma não compreendia a razão de ele estar lhe apresentando aquela joia com tamanha agressividade.

— Sim, é minha, por quê?

Eduardo procurou conter-se para não agredi-la fisicamente. Falou com raiva, por entre os dentes:

— Senhora Madalena, esta joia estava sendo usada por você quando ajudou Marli a me envenenar e roubar meu dinheiro!

Retirou a pedra que estava encaixada na pulseira e a aproximou do olhar assustado da jovem, que parecia não acreditar no que acontecia, enquanto continuava o discurso furioso:

— Esta pedra estava enroscada na colcha do hotel. Marli me dopou e vocês duas pensaram que eu estava morto, me enrolaram num lençol e me jogaram na marginal. Mas eu não morri. Quem sabe não foi por isso que Marli desmaiou quando se aproximou de nossa mesa? Fui claro, ou você ainda tem dúvidas? Venha, tenho como refrescar a sua memória! – Puxou-a com violência pelo braço e a arrastou até a área de serviço. Abriu o armário superior e retirou de lá um lençol e uma colcha que ostentavam em bonito bordado branco o logotipo do Hotel Pensilvânia. Jogou-os com fúria no peito de Madalena, gritando:

— Agora a senhora está se lembrando do que fez?

— Eu não fiz...

Madalena estava arrasada, sentindo-se culpada por perder o grande amor de sua vida. Lágrimas de desespero banhavam seu rosto.

— Por que você me enganou durante todo este tempo? Confiei em você, convidei-a para morar comigo! Nós íamos nos casar! – falava aos gritos, impiedoso. – Você é falsa, fingida, mentirosa. Qual é o seu plano? Me envolver para me roubar novamente? – e, colocando o dedo em riste, ofendia-a com extrema crueldade, totalmente desequilibrado: – Durante todo este tempo convivi com uma víbora. Agora sei quem você é. Você não presta, não vale nada, é uma mulher de rua, uma vadia. Fora daqui! Suma da minha vida; nunca mais quero saber de você! Nunca mais! Traidora vulgar! Mentirosa! Falsa!

Madalena não suportou a agressão. A dor que sentia era superior às suas forças. Como um raio, sentiu as mesmas emoções de sua última existência, quando também fora rejeitada pelo seu grande amor, com igual violência e desprezo. A dor estava insuportável. Instintivamente revivendo a cena do passado, aos gritos, jogou-se aos pés de seu agressor e agarrou-se a suas pernas, repetindo o mesmo comportamento que tivera com Belarmino. Implorou, desesperada:

— Me perdoe, eu te amo, eu te amo! — enquanto chorava compulsivamente.

— Você é surda? Fora daqui! Rua! Rua! Não quero mais saber de você! Fora! — e, aos chutes, fora de si, procurava se desvencilhar daquela mulher desesperada que estava sendo humilhada impiedosamente em todos os seus sentimentos.

— Pare, pare, não me bata. Eu vou embora, vou sumir da sua vida!

Inesperadamente, em um segundo, Madalena correu em direção à janela e atirou-se no vazio. Caiu do quarto andar do prédio e se estatelou no chão. Perplexo, com os olhos esbugalhados e vermelhos, Eduardo despertou do transe em que se achava e arrependeu-se de imediato. Não esperava e não queria aquele desfecho. Sentindo-se culpado pela tragédia e pela morte de Madalena, gritou alucinado para todo o prédio ouvir:

— Não! Não! Não! Não! Me perdoe! Eu não queria isso! Não! Perdi a cabeça, perdão! — Desfalecido, sentou-se no chão da sala, corroído pelo remorso, sentindo-se o pior dos homens, enquanto ouvia a sirene da viatura que tomou as providências de levar o corpo.

— Por quê? Por quê? Por que eu fui fazer isso? — Eduardo não ouviu as batidas fortes que arrebentaram a porta do seu apartamento e não notou a entrada de dois policiais que o encontraram em estado de choque. Conduziram-no na viatura policial ao hospital Albert Einstein, onde foi medicado e explicou com rapidez o que havia acontecido, antes de desfalecer pela ação da forte medicação, no mesmo instante em que o zelador do prédio, junto com outros vizinhos, limpava a mancha de sangue na calçada.

CAPÍTULO 23

RECOMEÇO DE VIDA

    Sônia contratou uma transportadora para levar sua mudança. Alguns móveis foram vendidos; não serviriam para a casa dos seus pais. Vendeu o carro também, pois pretendia comprar um mais simples e reservar a sobra do dinheiro para atender às suas despesas sem sobrecarregar ninguém. De dentro do ônibus, observava a paisagem e refletia sobre os acontecimentos de sua vida. Arrependida, não reteve as lágrimas. Aquele choro suavizava suas aflições. Deu vazão às emoções para aliviar a pressão que sentia no peito. Pediu a Deus que a ajudasse a reconstruir a vida. Estava decidida a esquecer o passado, romper com tudo e com todos. Pediu proteção aos céus, pois tinha medo de voltar a pecar. Reconhecia-se fraca e insegura.

Na cidade onde iria morar, a faculdade de Medicina era muito boa e famosa. Não entendia por que escolhera morar longe de casa. Sozinha, jovem e muito bonita, logo surgiram os convites, e ela se deixara envolver pelas ilusões do mundo, pelo erro. Pagara e ainda pagava um preço muito alto pelas escolhas que havia feito. Naquele momento, o ônibus, pela Via Anhanguera, saía do Estado de São Paulo, quando um moço que a observava falou com educação:

– Moça, está precisando de alguma coisa?

– Não, obrigada, estou um pouco emocionada, mas estou bem.

– Às vezes é bom chorar, a gente se sente melhor. Eu também não tenho vergonha de chorar. – Marcelo voltava para Uberaba, após visitar parentes em São Paulo, e observava Sônia desde a saída da rodoviária. Ela precisava de ajuda, mas não tivera coragem de abordá-la. Agora decidira puxar assunto porque havia notado que ela estava chorando demais.

– Eu me chamo Marcelo. Se estiver indo em busca de orientação espiritual, conheço muito bem o Baccelli e o Celso, que são bons médiuns e podem atendê-la. Agora não temos mais o Chico Xavier, mas posso levá-la para conhecê-los. Estou livre até o dia trinta; depois recomeçarão as minhas aulas.

Ela se lembrou de Chico Xavier. Apesar de morar na mesma cidade, nunca tivera interesse em conhecê-lo. Tomara conhecimento recentemente, pelos jornais, de sua desencarnação. Os outros nomes que ele tinha mencionado ela desconhecia. Sem perceber, à medida que Marcelo falava, ela foi se acalmando, e agora já estava mais tranquila. Ele notou isso.

– Muito obrigada, agradeço sua atenção, mas não estou procurando socorro espiritual porque nem sei o que é isso. Em Uberaba, só tinha ouvido falar do Chico. Não sou espírita, embora tenha amigos espíritas na cidade. Minha mãe frequenta um centro espírita perto de casa. Meu nome é Sônia. O que você estuda aqui em Uberaba?

– Medicina, faço Medicina.

– Que coincidência! Eu também estudo Medicina e consegui transferência. Estava em São Paulo. Vou recomeçar aqui no quarto ano, e estou feliz de poder voltar para casa.

Marcelo não falou, mas pensou: "Feliz, chorando desse jeito?" Também não perguntou os motivos da transferência, pois achou que não seria educado fazer tal pergunta.

Sônia anotou o telefone dele em um pedaço de papel. Não tinha mais celular e jogara fora uma pequena agenda que trazia na bolsa. "Nada do passado", havia pensado.

– Quando eu comprar um celular novo, ligarei para informar o número. Muito obrigada pela companhia, foi bom conversar com você.

Despediram-se com a promessa de se reencontrarem na faculdade.

Ela ficou muito emocionada com a recepção na casa dos pais. Seu quarto estava preparado com muito capricho. De todos os presentes que ganhara dos amigos, mantivera apenas alguns, dentre eles um livro embrulhado em um fino papel de presente. Abriu-o e surpreendeu-se com a dedicatória: "Querida amiga Sônia, este livro mudou nossa vida, mostrou-nos uma nova realidade. Esperamos que você goste e seja muito feliz com ele. Que Deus a abençoe sempre, Madalena e Eduardo". Fez menção de jogá-lo fora, como fizera com tudo o que pertencia ao passado, mas antes folheou-o ao acaso e leu:

Um bom pai deixa sempre aos seus filhos uma porta aberta ao arrependimento. Não lhe diz a razão que seria injusto privar para sempre da felicidade eterna todos aqueles cujo progresso não dependeu deles mesmos? Não são todos os homens filhos de Deus? Somente entre os egoístas se encontram a iniquidade, o ódio implacável e os castigos sem perdão. Todos os espíritos tendem à perfeição e Deus lhes fornece os meios pelas provas da vida corpórea; mas, em sua justiça, lhes faculta realizar, em novas existências, o que não puderam fazer ou concluir numa primeira prova.[1]

Interpretou que, como sendo Deus um bom pai, Ele permitia uma nova existência aos filhos arrependidos. Era justamente o que ela fazia agora, por não ter conseguido ser feliz em um primeiro momento. Gostou do livro, não ia dispensá-lo, mas rasgou a página que continha a dedicatória. No dia seguinte, comprou um celular, ligou para Marcelo e aceitou o convite para assistir, na sexta-feira, a uma palestra de Carlos Baccelli, que falaria sobre Chico Xavier, no Lar Espírita Pedro e Paulo, no bairro de Lourdes, próximo de sua casa.

---

1 Resposta à pergunta 171 de *O Livro dos Espíritos* e parte dos comentários de Allan Kardec.

CAPÍTULO 24

HOSPITALIZAÇÃO

Eduardo dormiu dois dias seguidos com os medicamentos que recebera. Seu sócio foi buscá-lo no hospital. Era uma manhã chuvosa e ele parecia ter-se recuperado, apesar de calado e profundamente triste. Cláudio rompeu o silêncio quando, à saída do prédio, o amigo resolveu apoiar-se em uma poltrona, sentindo um pouco de tontura.

– Você está bem?

– Não estou nada bem. Eu a amava e me sinto culpado por tudo o que aconteceu. Já foi o enterro? – falou com os olhos úmidos.

– Não, ela está em coma na UTI, no sétimo andar deste hospital.

Eduardo começou a chorar baixinho, limpando as lágrimas com a manga da camisa, enquanto seu amigo o amparava.

– Você acha que ela vai se recuperar? – perguntou, com sincera preocupação.

– Sim, claro, ela vai sair dessa – respondeu Cláudio, sem muita convicção e sem contar que ela já tinha passado por duas cirurgias. Em respeito à dor do amigo, evitou fazer qualquer tipo de pergunta sobre o que tinha acontecido naquele apartamento, mas continuou dando as informações com desvelada atenção.
– O pai dela chegou do interior naquele mesmo dia e a tem visitado na UTI nos horários permitidos. Ele também visitou você nestes dias e fez preces ao lado de sua cama, colocando as mãos sobre a sua cabeça. Disse que você era o filho que ele não teve e pediu que tivéssemos compreensão com sua filha. Apesar da idade, era ainda uma criança. Disse que ela precisa mais de misericórdia do que de críticas, que não devemos julgar ninguém, como nos ensinou Jesus. Gostei dele. É um bom pai e sempre se manteve firme, mesmo nas primeiras horas, que foram as mais difíceis, apesar de ela ainda continuar respirando com a ajuda de aparelhos.

– Mas você não disse que ela está bem?

– Ela está muito bem, foi amparada pelas mãos de Deus. Bateu nos fios da rua, nos galhos da árvore e no toldo do restaurante. Foi o que a salvou. Sua queda foi amortecida, mas não evitou que tivesse fraturas. Sorte que não tinha ninguém nas mesas da calçada naquela hora, senão o desastre teria sido maior.

– E como Belarmino está suportando este sofrimento?

– Belarmino me parece um homem forte; tem muita fé em Deus e disse que ela vai melhorar, mas está preocupado com você também. Ele está num hotel aqui perto, por conta da nossa empresa, para facilitar as visitas à filha. Ele não está aqui com você agora porque é o horário de visitas na UTI.

— Cláudio, agradeço por tudo o que está fazendo por nós — e aproveitou para dar um abraço emocionado no amigo.

— Eu só queria lhe pedir uma coisa: deixe para visitar Madalena quando você estiver melhor. Procure se recuperar, pois ela está sendo muito bem assistida. Este é um dos melhores hospitais de São Paulo, e ela conta com a ajuda de alguns dos seus professores.

Mesmo enfraquecido moralmente, no dia seguinte Eduardo compareceu ao escritório e relatou com detalhes o que havia acontecido no apartamento. Depois, os amigos estiveram juntos na delegacia para o depoimento necessário ao inquérito policial. Eduardo chorou várias vezes ao relembrar os fatos.

À noite, Eduardo foi até o hotel para visitar Belarmino, que ficou feliz ao vê-lo, mas estampava no rosto cansado as rugas profundas dos dias difíceis que estava vivendo.

— Meu filho, é um prazer revê-lo. Pedi muito em minhas preces pela sua recuperação. Minha filha precisa muito do seu amor — e abraçou Eduardo com a ternura de um pai, sem nenhuma intenção de tocar no assunto da tragédia. Conjecturou consigo mesmo que precisava respeitar a intimidade do casal e os amava como filhos diletos que Deus lhe dera.

Recebido amorosamente por Belarmino, que também sofria em consequência do seu desatino, Eduardo não suportou a emoção e deixou as lágrimas externarem o turbilhão que trazia na alma.

— Belarmino, me perdoe. Estou arrependido. Não esperava que nossa discussão resultasse nisto. Não sou digno de ser considerado seu filho.

Abraçando-o junto ao peito, Belarmino o impediu de continuar:

— Não fale assim! Desde o momento em que senti o amor que minha filha tem por você, agradeci a Deus pela felicidade dela e o recebi como filho também.

Ficou em silêncio por longos minutos, permitindo que Eduardo derramasse as lágrimas do arrependimento, aliviando assim seu coração sofrido.

— Isto acontece, meu filho, são provas que devemos suportar com resignação. Vamos orar pela recuperação de Madalena. Ela precisa muito de nós. Se quiser, amanhã poderá entrar em meu lugar. Com certeza, ela ficará muito contente com a sua visita. Está desacordada, mas poderá vê-lo em espírito.

Eduardo respondeu que não estava preparado para visitá-la. Quis poupar o sogro de comentários desagradáveis e entristecê-lo ainda mais contando a verdade que sabia. Belarmino procurou entender sua recusa como sendo traumatizante vê-la naquele estado, rodeada por todos aqueles equipamentos médicos. Eduardo combinou de se encontrar diariamente com o sogro para ajudá-lo no que fosse preciso.

Belarmino sabia que uma coisa muito grave levara a filha a tentar o suicídio, mas nada poderia justificar aquele ato tresloucado. Lembrou-se da visão que tivera, em que a vira na existência passada sendo agredida impiedosamente por ele, e esta recordação, em uma hora imprópria, deixou-o ainda mais amargurado. Qualquer que fosse o motivo daquele gesto infeliz, nunca iria desamparála. Naqueles momentos difíceis, iria demonstrar seu amor e protegê-la com todas as forças. Repararia os erros que cometera. Estava sofrendo muito com a situação da filha e, quando retornava ao hotel, tarde da noite, buscava alívio nos recursos da prece, deixando que as lágrimas suavizassem um pouco sua dor.

Enquanto isso, no hospital, Madalena continuava com a vida por um fio.

Com muita dificuldade, Eduardo voltou às atividades profissionais. Cláudio aproveitou uma pausa nos compromissos para tocar em um assunto delicado que o incomodava demais. Com a liberdade de um amigo leal, falou sem rodeios:

— Eduardo, eu não conheci Madalena tão bem quanto você, mas confiava muito nela e percebia o quanto ela o amava. Vocês se completavam, eram um casal perfeito, feliz, com planos para o futuro. Mas, de uma hora para outra, tudo desmoronou. Acho que alguns pontos precisam ser esclarecidos. O nervosismo às vezes nos deixa cegos.

— Já sei. Você não acreditou no que lhe contei.

— Creio plenamente em você e o admiro por vários motivos. Não duvido do que você falou, mas precisamos investigar melhor essa história. Dentro de alguns dias ou semanas, Madalena estará conosco. Você precisa saber como as coisas aconteceram de fato, o que existe de verdade em tudo isso; se o que está pensando tem mesmo fundamento.

— Peço a Deus que ela se recupere logo, mas considero que nossa reconciliação seja impossível em virtude do que fiquei sabendo, do que acabei descobrindo.

— E o que você sabe? Tudo o que me contou pode ser uma série de coincidências. Você nunca pensou nisso? E se ela não tiver culpa? E se foi uma armação daquela moça? E se ela não for a dona daquela joia? E se foi emprestada? As moças têm o hábito de emprestar roupas, sapatos, joias. O que há de mal nisso? Elas são jovens e estudantes. E você não lhe deu o tempo necessário para se defender. Ela era obrigada a saber a vida que a amiga tinha? Para julgar, você tem que ouvir as duas partes. Você só a acusou! Não permitiu que ela se explicasse!

Pelo longo silêncio do amigo, Cláudio percebeu que atingira o alvo: jogara a dúvida no ar, pois para ele muitas coisas naquela história não se encaixavam.

— Quer dizer que todas as provas foram insuficientes para você?

— Insuficientes para mim e para você! — e apontou o dedo para o peito do amigo. — Isso tudo tem de ser confirmado! Precisamos saber se as suas deduções têm algum fundamento. Estamos falando de pessoas, de uma lindíssima história de amor... ou vocês não eram felizes?

Cláudio mais uma vez tocava em um ponto fundamental, pois sabia o quanto os dois se amavam.

— E o que você quer que eu faça para comprovar o que lhe contei? — Eduardo replicou em tom mais baixo, concordando com as considerações sensatas do amigo.

— Vamos chamar o Pernambuco!

CAPÍTULO 25

A PALESTRA DO MÉDIUM

Marcelo encontrou-se com Sônia à porta do Lar Espírita Pedro e Paulo. Chegaram com bastante antecedência e depararam com o salão lotado. Pessoas de todos os lugares e cidades tinham ido assistir à palestra do conhecido Carlos Baccelli, conferencista, escritor e médium. Logo que a viu, sem esconder seu estranhamento, Marcelo perguntou:

— Por que você trouxe uma prancheta?

— É a primeira vez que entro numa casa espírita. Como se trata de uma palestra, achei que precisaria fazer algumas anotações.

Apesar de não ser comum fazerem-se anotações nas exposições espíritas, ela estava certa. Logo na entrada, foi recebida com um sorriso por uma pessoa que lhe deu uma pequena mensagem. Ela agradeceu a gentileza e leu:

RECOMECEMOS
Não conserves lembranças amargas. Viste o sonho desfeito. Suportaste a deserção dos que mais amas. Fracassaste no empreendimento. Colheste abandono. Padeceste desilusão. Entretanto, recomeçar é bênção na Lei de Deus. A possibilidade da espiga ressurge na sementeira. A água, feita vapor, regressa da nuvem para a riqueza da fonte. Torna o calor da primavera na primavera seguinte. Inflama-se o horizonte, a cada manhã, com o fulgor do Sol, reformando o valor do dia. Janeiro a janeiro, renova-se o ano, oferecendo novo ciclo de trabalho. É como se tudo estivesse a dizer: "se quiseres, podes recomeçar". Disse, porém, o Divino Amigo que ninguém aproveita remendo novo em pano velho. Desse modo, desfaze-te do imprestável. Desvencilha-te do inútil. Esquece os enganos que te assaltaram. Deita fora as aflições improfícuas. Recomecemos, pois, qualquer esforço com firmeza, lembrando-nos, todavia, de que tudo volta, menos a oportunidade esquecida, que será sempre uma perda real. Emmanuel.[1]

O médium iniciou sua explanação com simpatia e fluência, falando do maior médium de todos os tempos, Chico Xavier, que havia retornado recentemente para o mundo espiritual. A estudante anotava tudo com rapidez e demonstrava surpresa com o assunto apresentado. Ela só conhecia Chico Xavier de ouvir falar, não sabia que ele era tudo aquilo que estava sendo dito. Ficou impressionada com aquelas informações.

---

[1] Mensagem psicografada por Chico Xavier, do livro *Palavras de Vida Eterna*, edição da CEC.- Comunhão Espírita Cristã, produzida pelo Grupo Espírita Os Mensageiros.

Procurou anotar apenas o que considerou significativo; gostou dos casos curiosos da vida do médium; emocionou-se algumas vezes e riu muito com a desenvoltura do expositor. Anotou que o maior médium do mundo desencarnou com 92 anos de idade, tendo nascido em Pedro Leopoldo, em 2 de abril de 1910. Era filho de Maria João de Deus e João Cândido Xavier. Educado na fé católica, teve seu primeiro contato com a Doutrina Espírita em 1927. A mediunidade de Chico manifestou-se aos quatro anos de idade, quando o pai conversava com uma senhora sobre gravidez. Ele surpreendeu a todos ao responder sobre ciências, assunto que desconhecia. Ele via e ouvia os espíritos, e também falava com eles. Aos cinco anos, conversava com a mãe, já desencarnada. Na casa de sua madrinha, foi muito maltratado, chegando a levar uma garfada na barriga. Aos sete anos de idade, saiu da casa da madrinha, para voltar a morar com o pai, já casado outra vez.

Chico Xavier psicografou 412 livros. Nunca admitiu ser o autor de nenhuma dessas obras. Reproduzia apenas o que os espíritos lhe ditavam. Por esse motivo, não aceitava o dinheiro arrecadado com a venda de seus livros. Vendeu mais de vinte milhões de exemplares. Cedeu os direitos autorais para organizações espíritas e instituições de caridade, desde o primeiro livro, *Parnaso de Além-túmulo,* que foi publicado em 1932, com 256 poemas atribuídos a poetas mortos, entre eles os portugueses João de Deus, Antero de Quental e Guerra Junqueiro; e os brasileiros Olavo Bilac, Castro Alves, Cruz e Sousa e Augusto dos Anjos. O livro causou muita polêmica entre os descrentes, mas Monteiro Lobato, escritor que se encontrava encarnado naquela época, após ler o *Parnaso de Além-túmulo,* declarou que Chico Xavier, se quisesse, poderia ocupar todas as cadeiras da Academia Brasileira de Letras. O livro de maior tiragem foi *Nosso Lar,* com cerca de 1,3 milhão de cópias vendidas, atribuído ao espírito André Luiz, que traz revelações de como seria a vida em uma colônia espiritual.

— Eu sabia que o Chico era um homem bom, respeitado; que vinham caravanas de outras cidades para vê-lo, mas não conhecia esses detalhes da sua vida. Estou surpresa com o que ouvi e curiosa para ler algumas de suas obras. Estou gostando daqui, muito obrigada por ter me trazido.

Marcelo aproveitou o entusiasmo dela e a presenteou com os livros *Parnaso de Além-túmulo* e *Nosso Lar*, adquiridos ali mesmo na livraria do lar espírita. Ela comprou um livro que tratava da vida de Chico Xavier, de autoria do orador, e entrou na fila para colher o autógrafo. Quando se aproximaram da mesa, o médium levantou-se, cumprimentou-a e falou sorridente:

— Tem um hospital aqui de Uberaba que está esperando você. Aliás, você não deveria ter saído da cidade. Agora, mãos à obra, não podemos perder mais tempo; precisamos trabalhar com Jesus, Kardec e Chico Xavier! — e, olhando para Marcelo, disse com simpatia: — Lembranças para a nossa querida Judite.

Sônia ficou paralisada. Achou que ele, como médium, poderia saber de sua vida, mas o sorriso que recebeu foi tão fraterno e sincero, que sentiu estar diante de um amigo, daqueles difíceis de encontrar. Respondeu com um sorriso amarelo, apertando o braço de Marcelo, como se quisesse se esconder atrás dele. Marcelo, muito feliz com o entusiasmo de Sônia, fez que não ouviu o pedido do médium.

Com seu desembaraço, contudo, no decorrer do tempo, Sônia principiou a realizar pequenas tarefas na casa espírita, envolvendo-se cada vez mais com os estudos e as pessoas necessitadas. Identificou-se com o trabalho assistencial; sentia-se realizada ajudando no preparo da sopa. Passou também a frequentar e se emocionar com os trabalhos das cartas consoladoras, realizados aos sábados e domingos pela manhã, pelo médium Carlos Baccelli, quando as mães desesperadas e aflitas recebiam mensagens de seus filhos queridos. Por intermédio desse correio do Além, confirmavam que a morte não existe e que o túmulo é porta para a vida. Estavam bem vivos aqueles que haviam partido. A Terra era uma escola passageira.

Em muitas dessas cartas, os filhos pediam aos pais que direcionassem seu amor para os órfãos, as crianças desamparadas. Fazendo assim, seriam felizes e estariam sendo recompensados. Com esse estímulo de amor, muitas mães deram início a trabalhos de amparo à infância, inaugurando obras de elevado valor humanitário, com a satisfação interior de que um dia iriam se encontrar com seus filhos levando a alegria do dever cumprido. Qual é a mãe que não atende a um pedido formulado pelo filho temporariamente ausente? Marcelo ajudou Sônia a se entrosar na escola, com o grupo de colegas e professores, e, quando as lembranças tristes do passado a visitavam, ela pegava as anotações daquela primeira palestra e relia o ensinamento de Chico Xavier, que tocara profundamente sua alma. "Acho que o Chico falou diretamente para mim", pensava agradecida.

Embora ninguém possa voltar atrás e fazer um novo começo, qualquer um pode começar agora e fazer um novo fim.

Francisco Cândido Xavier retornou à Pátria Espiritual na noite do dia 30 de junho de 2002, às 19h30, após 75 anos de trabalho mediúnico. Conhecido mundialmente, Chico Xavier foi indicado, em 1981, ao Prêmio Nobel da Paz por dez milhões de brasileiros e recebeu o título de Mineiro do Século em Minas Gerais, adquirido após receber 704.030 votos em um evento promovido pela Rede Globo Minas, sendo considerado o Maior Espírita da Humanidade e o Maior Médium do Planeta Terra.

O velório de Chico Xavier foi realizado no Centro Espírita Casa da Prece, onde mais de duzentas mil pessoas foram dar seu último adeus: autoridades, artistas e pessoas de todas as partes do país. Várias ruas da vizinhança do centro espírita foram interditadas ao tráfego de veículos. Um batalhão com mais de cem policiais cuidou da segurança e da organização do velório. O sepultamento foi realizado no Cemitério São João Batista, em Uberaba, no dia 2 de julho, às dezessete horas.

Depois de conhecer um pouco o trabalho de Chico Xavier, emocionada, Sônia prometeu a Marcelo que iria ler todos os seus livros. Ele não acreditou, mas trazia na alma a certeza de que um dia as obras de Chico Xavier seriam estudadas nas universidades de todos os países.

CAPÍTULO 26

NOVA INVESTIGAÇÃO

Pernambuco ficou curioso para saber o motivo da reunião, marcada para aquela mesma noite. Cumprimentou Cláudio e Eduardo, que o receberam com preocupação, evidenciando o momento doloroso por que passavam. Pelo semblante dos jovens empresários, poderia apostar que o problema era sério.

Cláudio tomou a palavra:

— Pernambuco, precisamos de você! Precisamos que você descubra quem é Madalena. Se era infiel, se enganava meu amigo.

Deixaram o detetive a par de tudo. Deram todas as informações que sabiam, contaram sobre Sônia, moça que Pernambuco conhecia bem, e as suspeitas a respeito de Madalena. Seguiram até o apartamento de Eduardo para mostrar as provas que tinham, imprimiram as fotos da festa de despedida que estavam no computador de Madalena e mostraram a pulseira de esmeraldas, com a parte que havia se destacado, encontrada com a colcha e o lençol do hotel.

Depois de combinar o preço, o nordestino iniciou seu trabalho. Sua primeira providência foi levar o computador de Madalena para ser analisado e vasculhar o apartamento dela na companhia de Eduardo, que tinha a chave. Quando entraram, Pernambuco ficou impressionado.

– Isto aqui não é casa de estudante! Para manter isso, é preciso muito dinheiro, e, pelo que vocês me contaram, o pai dela não é abastado.

Em um armário da sala pegaram duas pastas de documentos pessoais e de contas pagas, depois seguiram para o quarto. A situação piorou. Contaram mais de cinquenta pares de sapatos, sem falar das roupas finas, dos vestidos caros, de casacos, bolsas, perfumes importados.

Eduardo, que acompanhava o trabalho, ficou revoltado consigo mesmo. Como pudera ter sido tão ingênuo a ponto de acreditar nela o tempo todo? Tinha frequentado aquele apartamento! Por que não tivera a ideia de examinar aqueles armários e interrogá-la? Não, não teria a coragem de invadir a privacidade alheia. Não fora essa a educação que recebera, mas pensou que, como já viviam juntos, seria uma atitude desculpável.

Ficou mais revoltado ainda quando começou a desconfiar de que ela havia mentido também quanto à sua crença religiosa. Como podia dizer-se espírita e ter todo aquele supérfluo? Lembrou-se de uma de suas aulas na Federação Espírita que dizia que os sinais característicos da imperfeição moral eram o interesse pessoal e o apego às coisas materiais. À medida que o homem se esclarecia sobre as coisas espirituais, dava menos valor aos bens materiais. Ela então não era espírita; era uma falsa espírita. Dizia uma coisa e vivia outra. Quase pediu que Pernambuco suspendesse o trabalho: já estava satisfeito, convencido de que ela era uma falsária. Mas, como havia pago pelo serviço, deixou o detetive continuar a investigação.

No final daquele mesmo dia, no momento apropriado, Pernambuco, junto a um dos seus sobrinhos, entrou no escritório de Agenor, aquele fotógrafo de fachada, com a mesma postura ameaçadora e a mão direita dentro do bolso do paletó. Agenor arregalou os olhos, apavorado. Sabia que tinha chegado a sua hora; agora iria morrer! Havia chamado a polícia daquela vez, e o homem estava ali para ajustar as contas. Prometera que voltaria se fosse denunciado e tinha mesmo voltado. Estava na sua frente, pronto para atirar.

– Não me mate, pelo amor de Deus! Não fui eu quem chamou a polícia! Não me mate, eu faço o que o senhor quiser. Não me mate, tenho família!

– Esta mulher trabalha para você? – Mostrou a foto de Madalena.

– Não, senhor! Ela disse que ia se casar e foi embora. Abandonou tudo de uma hora para outra.

– Quando foi isso?

Agenor pegou um livro de anotações e mostrou a prestação final de contas de Madalena, com os valores pagos e a data de sua saída. Pernambuco arrancou a folha com raiva e, como daquela vez, empurrou Agenor, forçando-o a sentar-se com as mãos para trás, sendo imobilizado pelo seu sobrinho com fita adesiva. A boca, as mãos e os pés foram presos junto aos pés da cadeira. Arrancou os fios do telefone da parede e pegou dois celulares sobre a mesa. Quando já entravam no elevador, Pernambuco lembrou-se de alguma coisa. Seu sobrinho ficou segurando a porta, ele voltou com rapidez e deu um tapa na cabeça do fotógrafo, só para ter o prazer de ver a peruca do cáften voar longe. Os celulares foram jogados na mesma lata de lixo da rua. Desta vez, o fotógrafo não fez nenhum alarde. Sabia que o nordestino poderia voltar a qualquer momento.

O detetive dirigiu-se à casa de seu outro sobrinho, que ficara encarregado de examinar o computador da estudante. Discutiram durante algumas horas os relatórios apresentados e tiraram as suas conclusões.

No dia seguinte, pela manhã, Pernambuco estava na sala de reuniões do escritório de Eduardo.

— Eduardo, o trabalho foi concluído com a rapidez que me pediram.

Colocou em cima da mesa o computador, as pastas recheadas de documentos, algumas fotos e papéis, e prosseguiu:

— Pelo que constatamos, Madalena teve vida irregular até o dia em que o conheceu no Teatro Abril. Depois mudou de vida, parou com o que fazia e começou a ter problemas financeiros. Teve de vender o carro para pagar as contas, não usou mais os dois cartões de crédito que tinha, e os extratos bancários gravados em seu computador indicam que não houve entradas extras de dinheiro depois daquela data.

Eduardo aparentava estar nervoso quando o interrompeu:

— Mas isto não é tudo. Ela tentou me matar no hotel com sua amiga de profissão.

— Não, Eduardo. Quando interroguei Sônia, ela me disse que enganou a amiga, sem ter mencionado que tinha subtraído aquele dinheiro. Se a amiga soubesse, não a teria ajudado. Hoje, pela pulseira de esmeraldas, sabemos que Madalena foi a amiga que ela enganou. Ela pediu ajuda para transportar o corpo, não para matar e roubar.

— Você a está defendendo?

— Não, ela sabia que havia um corpo e ajudou a transportá-lo, e isto é crime. Mas não é correto afirmar que ela ajudou a matar e a roubar. E Sônia não matou nem roubou ninguém, pois não conseguiu.

— Agora você está defendendo também a amiga dela? — questionou com irritação o empresário, em visível desequilíbrio.

— Eduardo, ninguém o matou nem conseguiu roubá-lo. Pare de procurar culpados. Vamos nos ater aos fatos.

Pernambuco podia parecer rude, mas era inteligente e sabia expor com sabedoria o resultado de suas investigações, tendo o cuidado de não fazer injustiças. Era um justiceiro nato e gostava do que fazia.

— Madalena foi enganada pela amiga. Depois que o conheceu, resolveu dar uma guinada na vida. Certamente ficou apaixonada e acreditava que teria um futuro promissor ao seu lado.

— Mas ela mentiu para mim ao deixar de falar sobre seu passado.

— Ela não mentiu, omitiu, o que é bem diferente, possivelmente com medo de ser rejeitada e perdê-lo, que é o que provavelmente ocorreria.

— De qualquer forma, ela errou. Agradeço pelo seu trabalho, mas serviu apenas para confirmar o que eu sabia.

Pernambuco achou que Eduardo não estava sendo sensato e, tentando evitar uma injustiça, insistiu com cautela:

— Ela o conheceu e parou de fazer o que fazia. Onde está o erro?

— Pernambuco, o erro está em Madalena ter levado a vida que levou.

Pernambuco, inspirado, notou que Eduardo não queria enxergar a situação, que estava bem clara. Com a energia de um bom conselheiro, desatou a falar com segurança:

— E quem nunca errou? Todos nós erramos. Por amor a você, ela parou com tudo. Não a sacrifique por isso. Por que você acha que ela tentou se matar? Porque tinha certeza de que havia perdido você, que você não a queria mais. Você não disse que a convidou para morarem juntos? Então você a ama! E quanto a você? Contou seu passado para ela? Contou o que ia fazer com aquele dinheiro? Contou o que fez com Sônia? Não? Então por que está exigindo isso dela? Eduardo, vocês se amam; esqueça o passado, que não interessa a ninguém. Vocês podem ser felizes se você não for inflexível!

Eduardo sentiu que o nordestino estava certo. Ficou envergonhado quando o detetive falou dos erros que ele havia cometido, embora só enxergasse os erros dela. Abaixou a cabeça e lembrou-se de uma aula que tivera na Federação Espírita, em que o instrutor falara que não anotar os erros dos outros era caridade moral. Ficou pensativo e depois disse com humildade:

— Acho que você tem razão!

— E eu acho que cobrei pouco desta vez!

Todos riram, mas ele estava falando sério.

CAPÍTULO 27

VISITA NA UTI

    Belarmino estava angustiado. Fazia três dias que seu genro não aparecia nem dava notícias. Seu coração estava apertado, aflito. A filha não apresentava melhoras. Estava muito triste, pedindo a Deus pela recuperação dela. Com a ausência de Eduardo ele se sentia só, sem um ombro amigo para dividir aqueles momentos. O genro tão gentil, sem maiores explicações, desaparecera, e ele evitara ligar para o celular dele a fim de não atrapalhá-lo nos negócios. Seus pensamentos foram interrompidos pelo recepcionista do hotel, que anunciou a presença de Eduardo.

    — Belarmino, durante estes dias eu não estava preparado para visitá-lo. Estava traumatizado com o que aconteceu, sofrendo muito. Agora acho que estou melhor. Amanhã mesmo vou ao hospital visitar Madalena.

Belarmino gostou da notícia, mas não perguntou por que ele ainda não tinha visitado sua filha. Procurou compreender, pois deveria haver um motivo, que ele só saberia se um dia o casal quisesse contar.

— Eduardo, o primeiro horário de visitas será às nove da manhã, depois do banho matinal. Ela vai gostar de vê-lo. Apesar de estar em coma, em espírito estará participando de tudo. Sua visita será muito importante, tenho certeza.

— E como ela está? — perguntou, com medo da resposta.

— Ela sofreu duas cirurgias para corrigir uma hemorragia interna e unir alguns ossos. Foi o que os médicos disseram. Tenho orado para que ela se recupere e seja transferida para o quarto.

Eduardo sabia que a visita seria difícil. Depois de tudo o que havia feito, depois de tudo o que dissera, ficar frente a frente com Madalena seria um bom exercício para corrigir seu orgulho. Ouvira as orientações de Pernambuco e do amigo Cláudio. Compreendera que havia exagerado quando discutira com a amada, quando a expulsara de casa. Só tinha visto os defeitos dela, e não os próprios.

Sentia-se culpado pelo seu sofrimento. Poderia tê-la abordado de outra maneira, confessado que havia conhecido sua amiga Sônia quando estava desimpedido, pois era um homem livre naquela ocasião. Poderia ter conduzido a conversa com civilidade, mas perdera o controle das emoções, desconfiara do comportamento dela, desequilibrara-se e acabara por agredi-la com crueldade. Se Madalena sofria agora, era por sua culpa. Estava amargurado e sinceramente arrependido. E pensar que a criticara por ter mais de cinquenta pares de sapatos... "Como fui idiota!", pensou. Ele havia sido agressivo, intolerante, cruel e injusto, apresentando um comportamento terrível, que a levara a desistir da vida. Quem era o pior? Sentia-se arrasado com suas atitudes.

A manhã estava fria, e o céu nublado contribuía para deixar Eduardo ainda mais introspectivo. Chegou cedo ao hospital. Belarmino o esperava na recepção e percebeu que o genro, naquele momento, tinha a aparência de alguém bem mais velho. Procurou animá-lo:

— Eduardo, ela vai gostar de recebê-lo. Ânimo, rapaz!

Eduardo não dormira bem. O complexo de culpa o martirizava. Vestiu-se com as roupas necessárias para ingressar na UTI e, ao entrar no salão onde estavam os doentes, sentiu as pernas fraquejarem. Uma enfermeira atenciosa mostrou o leito de Madalena. Ele estacou ao lado de sua cama, sem conseguir evitar as lágrimas. Ela estava em um estado lastimável, enfaixada, ligada a vários instrumentos e com uns pinos esquisitos enfiados nas pernas. Recebia medicação nos dois braços e estava sem os cabelos, que tinham sido raspados para facilitar os cuidados médicos. O rosto encontrava-se inchado, com hematomas nos olhos, e ela respirava por meio de aparelhos que rangiam como se fossem parar a qualquer momento. Um tubo invadia sua garganta, dando a impressão de que ela estava sufocada com aquilo. Ele se aproximou e, com muita dificuldade, pôs sua mão sobre a dela, falando mentalmente:

— Me perdoe pelo que fiz.

Lembrou-se de quando a conhecera no Teatro Abril, do seu entusiasmo ao falar de Victor Hugo, da emoção ao aceitar o convite para morarem juntos, e deixou que as lágrimas lavassem sua face. Recordou-se de Belarmino e falou baixinho:

— Se você estiver aí, meu amor, se estiver me ouvindo, quero que saiba que eu te amo.

Apertou sua mão fria e virou-se para sair, sem notar que os aparelhos colocados acima da cama acusavam que o coração de Madalena havia acelerado. A enfermeira, atenta, tomou as providências necessárias, percebendo que a convalescente, mesmo inconsciente, ficara emocionada com aquela visita.

CAPÍTULO 28

RETORNO AO CORPO

Ao ser recolhida ainda com vida após aquele gesto infeliz, Madalena reviu como em um filme toda a sua existência em questão de segundos. Teve a sensação de estar sendo sugada por um grande túnel enquanto via, à sua frente, uma enorme bola de luz. Não sabia identificar com precisão o que estava acontecendo, mas sentia-se segura. Nunca tinha visto nada igual na vida. Estava em paz, tinha consciência de tudo, lembrava-se do que fizera, mas o bem-estar daquele momento especial não lhe permitia ter pensamentos negativos. Uma senhora aproximou-se e lhe falou com carinho:

— Madalena, ninguém desiste da vida, ninguém consegue morrer. A morte não existe.

Madalena ouvia em silêncio, mergulhada nas vibrações espirituais daquele local.

— E morrer para quê? Para voltar à fila da reencarnação? Para implorar aos encarnados que a recebam como filha? E voltar de que maneira? Quem cometeu um crime contra si mesmo volta com os problemas que causou. Quando lesamos nosso corpo físico, lesamos naquele ponto o corpo espiritual, e o corpo espiritual será o molde do próximo veículo carnal. Você não aprendeu com dona Rosinha que a cada um será dado conforme suas obras? Foi Jesus quem ensinou isso.

E prosseguiu com bondade:

— Você terá o que fez. Raciocine, minha filha. Somente Deus sabe a hora em que devemos partir. Não se machuque nem magoe aqueles que a amam. Volte e seja feliz. Você já foi avisada do planejamento que fez antes de reencarnar. Planejou reconciliar-se com seus agressores e fazer todo o bem que estivesse ao seu alcance. Para isso recebeu como bênção uma profissão que a ajudará nos compromissos assumidos. Para que desistir agora, justo quando está concluindo os estudos?

E parecia que a senhora havia lido os pensamentos de Madalena quando disse:

— A única pessoa que passou pela Terra sem errar foi Jesus, e você está muito longe das condições espirituais dele. Portanto, não é pecado errar. O erro é uma característica comum a todos os que estão na Terra, planeta de expiação e provas. Errar faz parte da vida, mas, se quiser optar por ser feliz, seja benevolente com todos. Ame as criaturas como elas são, sem esperar recompensas nem exigir atestado de santidade. Não se preocupe com o erro dos outros. Analise diariamente os próprios atos e lute para extirpar do seu coração tudo aquilo que acha errado. Aprenda a ouvir sua consciência e perdoe sempre. Não carregue mágoas nem rancor, não alimente desejos de vingança. Lembre-se de que você também precisa do perdão de alguém. Desapegue-se das coisas materiais e apegue-se às espirituais. Lembre-se do ensinamento de nosso Mestre Jesus, de que nem só de pão vive o homem, isto é, existe outro tipo de alimento, o alimento espiritual.

A senhora bondosa fez uma pausa e concluiu:

— Você somente será feliz se fizer a caridade. Fora da caridade não há salvação para ninguém. Volte! Seu pai e seu marido precisam de você.

Quando falou "seu marido", Madalena recuperou as forças e disse:

— Meu marido?

— Só não será seu marido se você não o quiser, e nesse caso aparecerão outros candidatos – disse sorrindo.

— Não, eu quero esse mesmo, mas ele não me quer.

— Ele a ama e está aguardando sua volta. Tome seu corpo e não se demore. Você já perdeu muito tempo. Nossa passagem na Terra é muito rápida e, quando voltamos ao plano espiritual, derramamos muito mais lágrimas pelo que deixamos de fazer do que pelos erros cometidos. Ao trabalho, menina!

Belarmino estava radiante. Recebera a notícia de que a filha reagira e despertara do coma. Se continuasse assim, seria transferida para o apartamento. Eduardo também ficou feliz com a notícia, mas estava receoso. Resolveu afundar-se nos compromissos profissionais, sem deixar de manter contato com Belarmino, que certo dia o informou de que Madalena havia saído da UTI. Resolveu então visitá-la.

Belarmino havia emagrecido um pouco. Seu semblante cansado e as rugas acentuadas mostravam que aqueles dias tinham sido difíceis para ele, mas agora estava confiante na recuperação definitiva da filha. Aproveitou os minutos em que as enfermeiras davam o banho matinal na enferma para descer, ler as manchetes dos jornais e tomar um café expresso ali mesmo no hospital. Ao entrar na lanchonete, viu Eduardo em uma das mesas, a cabeça apoiada nas mãos, como se estivesse preocupado, com o semblante tenso. Aproximou-se e interrompeu seus pensamentos sombrios:

— Como vai, Eduardo? – perguntou, enquanto puxava uma cadeira.

— Agora estou bem. Ela está melhorando, graças a Deus.

— Não parece que você está bem. Não fique assim. O pior já passou. Logo que ela terminar de se banhar, você poderá vê-la. Ela está lúcida, falando bem. Diz que as dores no corpo...

Eduardo interrompeu o sogro:

— O problema é esse; não tenho coragem de visitá-la – e com a manga da camisa enxugou as lágrimas. – Sabe, Belarmino, fui o causador de toda essa dor. Tivemos uma discussão e ela não aguentou minhas ofensas. Errei muito e não tenho coragem de visitá-la. Quando ela estava na UTI foi mais fácil, pois eu sabia que Madalena estava desacordada. Mas, agora, enfrentá-la cara a cara, olhar nos seus olhos... Não tenho coragem, me desculpe. – Escondeu o rosto nas mãos.

Nesse instante, foram interrompidos pela garçonete. Belarmino havia pedido dois cafés e uma garrafa pequena de água. Olhando compreensivo para o genro, procurou acalmá-lo:

— Eduardo, você não precisa falar nada. Só a sua presença vai ajudá-la. Procure ficar em paz. Ela perguntou de você e não notei que estivesse com rancor; ao contrário, percebi um brilho em seus olhos quando disse que você viria. Ela o está aguardando. Seja sincero comigo: você ama a minha filha?

Ao ouvir isso, o empresário chorou com mais força, sem conseguir se controlar. Belarmino levantou-se, aproximou-se da cadeira do moço e o abraçou como um pai faria com um filho amado. Depois continuou com ternura:

— Não chore, meu filho; se você a ama, mostre isso para ela. Sua presença a fará feliz. Você sabe que o amor é a solução de todos os males. Esqueça o que aconteceu; já passou, não dá para mudar. Viva o momento presente. Ela o está aguardando, e isso é o que interessa. Não toque no passado, fale de seu amor apenas. Será o melhor remédio, acredite. Ela vai se sentir reconfortada.

CAPÍTULO 29

REENCONTRO

Eduardo entrou no apartamento do oitavo andar amparado por Belarmino. Madalena estava com os olhos fechados e a respiração normal. Belarmino esclareceu:

— Ela acabou de tomar a medicação da manhã e está dormindo. Entre, sente-se aqui — e puxou uma cadeira próximo da cama.

Eduardo impressionou-se como da vez em que a vira na UTI, mas manteve-se firme. Ela tinha olheiras profundas, estava bem magra, o rosto e os braços com hematomas, sem os lindos cabelos de outrora. Com o barulho do arrastar da cadeira, porém, perguntou sem abrir os olhos:

– Papai, quem está aí?

Belarmino sentiu um nó na garganta. Quase a voz não saiu:

– O Eduardo está aqui, veio visitá-la.

Ela sentiu sua respiração ficar irregular e, instintivamente, apertou o lençol com as mãos, como se quisesse se segurar para não cair. Ainda sem abrir os olhos, com os batimentos cardíacos acelerados, procurou demonstrar tranquilidade.

– Que bom que você veio. Você está bem? – falou com a voz fraca, quase sumindo.

– Eu é que pergunto como você está – e deu um sorriso bonito, que ela não viu.

– Estou melhor agora. Já passei pelo pior.

Belarmino inventou uma desculpa para deixá-los a sós:

– Filha, vou comprar uma revista e já volto. Com licença!

Depois de ouvir a porta fechar-se, após incômodos segundos de silêncio, Madalena falou com certa dificuldade, procurando arrumar assunto:

– Eduardo, eu tive um sonho interessante. Sonhei que uma senhora boa, que demonstrava gostar de mim, falou que eu deveria voltar e tomar o meu corpo. – Ela completou a frase e colocou a respiração em dia para poder continuar. Eduardo notou seu esforço, mas não teve coragem de interrompê-la. – E é por isso que estou aqui! Fácil, não é?

Ele não entendeu bem, mas assentiu com a cabeça e colocou a mão sobre a dela, que estava parcialmente coberta com esparadrapo. Inspirou profundamente, esforçando-se para conter as emoções, e disse, sem se importar com as lágrimas que molhavam seu rosto:

– Naquela noite no Teatro Abril, na peça *Os Miseráveis*, vimos que um homem foi preso por dezenove anos por roubar pães para alimentar seus filhos. Depois de cumprir a pena, como era um ex-presidiário, foi rejeitado pela sociedade; não conseguia emprego e tornou-se um mendigo. Certo dia foi bater numa igreja, pedindo alguma coisa para comer. O padre o atendeu e o convidou para sentar-se à mesa. Tomaram uma refeição deliciosa, e o mendigo viu que os pratos e os talheres eram de prata, que valiam uma fortuna. Como estava frio, o padre providenciou que ele pernoitasse na igreja. À noite, o mendigo foi até o armário, roubou os pratos e os talheres, e fugiu. Dois policiais viram o mendigo com aqueles objetos de valor e perguntaram: "Onde você roubou isto?". "Não roubei, eu os ganhei do padre." Os policiais não acreditaram na história, prenderam-no e o levaram até a igreja. Quando o padre viu de longe que o mendigo chegava algemado, gritou: "Onde você estava? Eu o procurei por toda parte. Você se esqueceu de levar os castiçais!" Ele foi solto e, com a venda daqueles objetos, pôde recomeçar a vida. Madalena, você teria coragem de fazer o que o padre fez? Pois eu sou esse homem que recebeu seu amor – agora as lágrimas quase o impediam de continuar – e, quando você menos esperava, roubou suas esperanças, seus sonhos, seu futuro. Você teria a coragem de me perdoar?

– É você que tem de me perdoar, não eu a você! Mas, se quiser assim, eu o perdoo. Só que não lhe darei os castiçais, e sim meu coração, minha vida.

Eduardo reclinou-se sobre ela, abraçou-a com carinho e a beijou na testa, enquanto ela continuava emocionada:

– Mas eu também preciso do seu perdão. Sei que não deveria ter feito o que fiz. Meus erros foram maiores – e deixou que as lágrimas lavassem seu rosto sofrido.

— Eu a perdoo. Eu a amo, e nós dois erramos. Um não errou mais do que o outro, e estamos tendo a chance de recomeçar. Madalena, quero me casar com você tão logo seja possível.

— Também quero me casar com você! — e deu um grito de dor, pois tentou se virar para tocá-lo e não conseguiu. Estava imobilizada devido às cirurgias que sofrera.

Eduardo acariciou seu rosto e beijou-lhe os lábios e a testa com suavidade. Quando Belarmino voltou, foi recebido com alegria.

— Belarmino, quero me casar com sua filha!

— Espere até ela ter alta, pelo amor de Deus! — e riram todos, com exceção de Madalena, que sentia dor no maxilar quando ria.

CAPÍTULO 30

PREPARATIVOS PARA O CASAMENTO

Madalena ficou ainda mais de trinta dias hospitalizada e aproximadamente seis meses em tratamento fisioterápico. Como estava no último ano da faculdade, os professores não a reprovaram. Exigiram trabalhos substitutivos e pesquisas que ela fazia com o uso do computador. Não pôde comparecer à linda festa de formatura. Belarmino aceitou o fato com resignação. Sabia que não suportaria tanta emoção. A filha se formando! Parecia um sonho!

Ela saiu do hospital e voltou para o apartamento de Eduardo. Este, por sugestão de amigos, havia mudado a decoração e alguns móveis, para facilitar o trânsito de sua amada, que nos primeiros meses se utilizava de uma cadeira de rodas. Em certa tarde, ela criou coragem e se aproximou da janela de onde se jogara. Olhou para baixo e não acreditou que estivesse viva. "Não morri porque tenho muitas coisas para fazer", dizia a todos os que sabiam do acontecido, "e muitas dívidas para pagar", completava para si mesma.

Eduardo continuava com seus estudos na Federação Espírita, cada vez mais feliz com o que aprendia e com os novos amigos que conhecera. Profissionalmente também ia bem, devido ao crescente ingresso de investidores estrangeiros no país.

— Mas, meu amor, você não trabalha com esse mercado! — admirava-se a médica recém-formada.

— Porém sempre respinga alguma coisa no escritório — dizia com orgulho.

Depois de restabelecida, quando foi autorizada a dirigir seu carro, Madalena iniciou os estudos a fim de prestar concurso para médica-residente em um dos melhores hospitais da cidade. Também matriculou-se como voluntária no Centro Espírita Nosso Lar, Casas André Luiz, no bairro de Guarulhos, iniciando o atendimento a crianças com necessidades especiais.

— Edu, sinto uma alegria tão grande quando cruzo os portões daquela instituição! As crianças correndo ao meu encontro, os beijos e abraços... Ah, que alegria, que felicidade! — dizia emocionada.

Mantinha nas paredes do seu quarto de estudos, com muito carinho, os desenhos que ganhava daqueles pequenos. Certo dia, notou a falta de um desses trabalhos. Ficou furiosa e só se acalmou quando o desenho foi encontrado sob o sofá. Reclamou da diarista, do vento, da cortina, de tudo. Aqueles presentes eram seu tesouro e, com o trabalho que realizava na instituição, sentia uma satisfação interior indescritível. "É um pedacinho do céu que reabastece minha alma", dizia. E prosseguia com os estudos doutrinários, abraçando as tarefas caritativas com muito amor. Sentia-se plenamente realizada.

– Precisamos regularizar nossa união – disse Eduardo certo dia, ao terminar o jantar, enquanto se dirigia à cozinha levando prato, copo e talheres para colocá-los na pia.

– Outra vez? – respondeu Madalena com um sorriso maroto e, levantando-se, abraçou-o e o beijou com entusiasmo.

– Você está se aproveitando de que estou com as mãos ocupadas. Isto não é justo! – falou rindo, tentando se defender dos ataques carinhosos da amada, enquanto se esforçava para equilibrar os utensílios que conduzia. Em seguida, pegou um calendário na cozinha e escolheram a melhor data para o enlace matrimonial, com tempo suficiente para os preparativos e quando seria baixa temporada na Europa, com clima e preços favoráveis. Decidiram que a lua de mel seria em Paris, durante quinze ou vinte dias, dependendo dos compromissos profissionais de cada um.

– Vamos nos casar em qual centro espírita? – perguntou Eduardo, procurando ser gentil.

– Em nenhum. Centro espírita não faz casamento... O que você está aprendendo, que não sabe disso?

– Por que não pode?

– Edu, a Doutrina Espírita é uma religião diferente das tradicionais. – Madalena ajeitou-se na cadeira, fez uma pose charmosa de professora e continuou: – O espiritismo não tem sacerdotes, nem altares, nem imagens, andores, velas, procissões, sacramentos, vestes especiais, incenso, fumo, talismãs, amuletos, bebidas alcoólicas, pirâmides, cristais, rituais ou qualquer forma de culto exterior. Entendeu?

– Não entendi nada. Como será nosso casamento, então?

— Vamos nos casar no civil. Se quisermos, o cartório realizará o casamento no salão de festas, porque o espiritismo, mesmo tendo seus fundamentos religiosos, não admite a prática de rituais. E lá, aqui em casa ou em qualquer outro lugar, nós elevaremos o pensamento a Deus, pedindo Suas bênçãos para nossa união.

— E para os filhos que virão! — completou Eduardo, sonhando com a casa cheia de crianças.

Radiantes, iniciaram os preparativos. Madalena tratou da reserva do local, e concordaram que seria um jantar dançante, com a mesma banda que havia abrilhantado sua formatura, a qual não pudera assistir. Continuariam morando no mesmo apartamento e só trocariam um ou outro móvel. Madalena ficou encarregada de fazer o orçamento da festa, das despesas com o cartório, de convites, confecção ou aluguel de roupas, florista, salão de festas, bufês, fotógrafos, técnicos em vídeo, passagens aéreas, reserva de hotéis. E, dependendo dos custos, tinham intenção de esticar a viagem de lua de mel da França para a Itália ou a Alemanha. Anotou na agenda: *não esquecer de relacionar roupas e objetos que levaremos para a lua de mel*.

Começou então a trabalhar nestas inúmeras providências, quando se lembrou de dona Leonor, famosa cerimonialista da cidade de Araraquara, que poderia ajudá-la com sua experiência. Foi procurá-la, assinando o contrato com aquela senhora, e, apesar de participar de todas as decisões que eram sugeridas, não descuidou de suas responsabilidades profissionais e filantrópicas.

Na semana seguinte, procuraram o cartório para saber dos documentos necessários. Uma vez que já viviam juntos como marido e mulher, o escrevente sugeriu que fizessem o casamento como regularização de união estável, com separação parcial de bens, o que preservaria os direitos de ambos.

CAPÍTULO 31

COMPRAS NO SUPERMERCADO

A noite estava calma. Uma brisa suave e refrescante deu aos noivos a disposição de que precisavam para as compras no supermercado próximo ao apartamento, aberto 24 horas, na avenida Angélica. Madalena enchia o carrinho, conferindo, em uma lista, os itens faltantes no lar, e Eduardo se entretinha na seção de vinhos, quando alguém a abordou:

— Não se lembra de mim? — Ela levou um choque e empalideceu. Sentiu as pernas fraquejarem e respondeu, assustada:

— Não, não o conheço!

— O que é isso, Suzi? Não precisa ficar assim. Sempre fui carinhoso com você. — Tentou envolvê-la pela cintura e inclinou-se para beijá-la.

Ela recuou apavorada e falou, trêmula:

— Afaste-se! Não sei do que o senhor está falando. Vou chamar meu marido!

— Marido? Então é por isso que não atende minhas ligações? Fique calma, meu amor, não sou ciumento — disse com cinismo.

Ela, desesperada, olhava por todos os corredores e não via Eduardo. Instintivamente, tentou empurrar o carrinho contra aquele homem que a seguia, mas ele a conteve, segurando seu braço com força.

— Suzi, chega, não vou esperar mais! Ligue-me amanhã, quando estiver longe do seu homem. — Anotou um telefone no pacote de macarrão que estava por entre as compras e saiu rindo, confiante em seu sucesso.

Madalena começou a soluçar e apoiou-se em uma gôndola para não desfalecer. Eduardo a encontrou naquele estado e ficou confuso, sem saber o que fazer.

— Madalena, o que está acontecendo, meu amor? Você não está se sentindo bem? Fale comigo, eu posso ajudá-la. O que aconteceu? Quer que a leve para um hospital? — e a abraçou carinhosamente, sem ter a mínima ideia do que havia ocorrido.

Enfim, ela conseguiu dizer alguma coisa:

— Me leve para casa, por favor! Quero sair daqui, me leve para casa!

E, sem saber que estavam sendo seguidos, tomaram a direção do caixa. Madalena pediu:

— Não quero comprar nada, quero ir embora!

— Pelo menos destes itens nós precisamos; o resto vamos deixar — e, sem que ela pudesse opinar, passou no caixa o pacote de macarrão e outras coisas, ambos seguindo depois para o estacionamento.

Ela mal conseguia andar e pensava aflita: "Como poderei viver assim? Meu Deus, estou pagando um preço muito alto. Ah, como sou infeliz! E ainda estou fazendo Edu sofrer por minha causa! Não posso mais viver nesta cidade! Quero sumir daqui. Ele merece uma esposa melhor, não sou digna dele".

É claro que Eduardo pressentia que havia acontecido alguma coisa grave, mas não sabia o que era e sentia-se impotente diante do sofrimento de Madalena, sem poder ajudar. Resolveu respeitar aquele silêncio. Percebeu que, quanto mais perguntava, mais a fazia sofrer. Chegando em casa, ela tomou um relaxante e foi se deitar. Ele foi guardar os itens comprados e teve sua atenção voltada para um número de telefone celular anotado em destaque no pacote de macarrão, com caligrafia diferente da de sua amada. Será que aquela anotação tinha alguma coisa a ver com o desespero de sua querida?

No dia seguinte, ainda sentindo o impacto da noite anterior, Madalena decidiu dar curso normal à sua vida, cumprindo todos os compromissos de uma agenda repleta de afazeres, certa de que o tempo apagaria aqueles dissabores e que o que acontecera jamais se repetiria. Raciocinou que não deveria frequentar por enquanto locais públicos e ambientes com pessoas desconhecidas, que não deveria se expor. Mas ignorava que, ao sair do supermercado, fora seguida até o prédio onde morava e que seu fã agora sabia seu endereço.

Ele era diretor em uma grande multinacional inglesa e, apesar de casado e pai de um casal de filhos, estava interessado em Madalena. Sentia por ela uma atração irresistível. Acostumado a ser obedecido e temido, não gostava de ser contrariado em suas pretensões. Pediu que a secretária, sua cúmplice, obtivesse junto ao órgão de trânsito o nome e o endereço do proprietário do carro que ele havia seguido naquela noite, entregando-lhe o número da placa do veículo. Dando continuidade aos seus propósitos, solicitou que ela fosse até aquele prédio, tendo em mãos a descrição física de Madalena. A funcionária deveria se apresentar como vendedora de uma loja que havia perdido os dados da cliente e precisava fazer a entrega de um pedido, inventando que anotara apenas o endereço e precisava do nome da cliente, do número do apartamento e, se possível, também o número do telefone, para atualizar a ficha cadastral.

O porteiro, recém-admitido, tratou de encaminhar a falsa vendedora ao zelador do prédio, que, pelas informações dadas, percebeu que ela procurava pela moça que havia se jogado do quarto andar. Mas, como fora treinado para manter a confidencialidade e a segurança dos moradores, e como também não conhecia a mulher à sua frente, respondeu gentilmente:

— Minha senhora, não tenho autorização para falar o nome de nenhum morador, mas posso ajudá-la. Deixe-me seu nome e telefone, que falarei com algumas moradoras a respeito do assunto. Se for do interesse delas, entrarão em contato com a loja.

A vendedora deixou nome e telefone fictícios e saiu sem conseguir o que queria, preocupada com a reação de seu chefe.

Quando Madalena recebeu o recado do zelador, pensou se tratar de uma loja onde havia estado recentemente para conseguir o aluguel de um traje e não deu importância ao ocorrido.

Na certidão de propriedade expedida pelo Departamento Nacional de Trânsito constava que o carro era de propriedade de uma corretora de valores, em um endereço diferente daquele que conhecera naquela noite.

Balduíno Soreli, diretor de marketing, ficou extremamente contrariado com as informações. Deu um soco na mesa e decidiu resolver o assunto a seu modo. Não conseguia concentrar-se no trabalho; estava com o pensamento fixo em Madalena. Não se conformava em perdê-la. Uma mulher daquela classe não poderia desafiá-lo assim. Aquela recusa era uma afronta. "Não sou homem de perder a guerra com o primeiro tiro", pensou com seus botões.

CAPÍTULO 32

NOTÍCIAS DE UBERABA

O modo de Marcelo falar, sua gentileza e atenção despertaram em Sônia mais do que uma simples amizade. Quando não se encontravam, ela sentia sua falta. Precisava ouvir a voz de Marcelo para que o dia fosse mais feliz, as horas mais alegres.

Naquela manhã, no pátio da faculdade, quando ele se aproximou, Sônia o recebeu com um sorriso claro como o Sol. Ele a cumprimentou como sempre fazia, ofereceu-lhe o braço e foram caminhando para a biblioteca da escola. Durante o tempo em que atravessaram o longo jardim, ele manteve-se calado. Ela percebeu intuitivamente que o amigo estava um pouco nervoso.

— Aconteceu alguma coisa, Marcelo?

— Não, apenas quero apresentar uma pessoa muito querida que retornou das merecidas férias no Rio de Janeiro. Ela trabalha na biblioteca e está curiosa para conhecê-la. Ontem falamos muito de você.

Enquanto entravam no prédio da administração, levantou-se, da primeira mesa do lado direito, uma linda morena de cabelos escuros e olhos verdes que, sorridente, correu, abraçou e beijou com carinho o estudante de Medicina, como querendo recuperar os dias em que haviam estado distantes. Sônia não gostou da intimidade da moça. Marcelo apressou-se em explicar:

— Sônia, esta é Judite, minha namorada.

Sônia empalideceu! Em uma fração de segundo, lembrou-se do médium: "Lembranças para a nossa querida Judite". Ficou repentinamente muda, sentindo o prédio girar à sua volta. Marcelo percebeu a situação delicada e a amparou com ternura, ajudando-a a sentar-se em um banco próximo. Providenciaram com rapidez um copo de água fresca. Sônia recuperou-se e, experiente como era, inventou uma desculpa:

— Acho que foi a diferença do calor lá de fora com o ar condicionado desta sala. Agora estou bem, obrigada.

Mas a desculpa não enganou ninguém; havia sido uma cena de ciúmes que não pôde ser evitada. Judite não deixou de perceber a beleza irretocável da estudante que viera de São Paulo e, como era de esperar, não gostou daquela cena, tendo certeza absoluta de que Sônia estava interessada em seu namorado.

Encabulado, Marcelo tentou consertar a situação:

— Judite trabalha aqui na biblioteca há muitos anos e já teve problemas de saúde com a regulagem deste ar, mas a cidade é muito quente, não há o que fazer.

Sônia, segura de si, levantou-se e beijou sorridente e sem fingimento a namorada do jovem.

– Marcelo, você não me disse que tinha namorada! Foi uma surpresa para mim – e, dirigindo-se a Judite: – Fico feliz em conhecê-la; seu namorado é um moço especial, me ajudou muito nestes dias. Peço a Deus que vocês sejam felizes. – Tendo dito isso, afastou-se, contrariada.

Durante os dias em que acompanhara Sônia pelos diversos lugares da cidade, longe de Judite, que estava viajando, Marcelo passara a viver uma luta interior. Sentia saudades da namorada, mas começara a se interessar por Sônia.

Quando Judite retornara a Uberaba, ele se definira. Realmente a amava; ela era o grande amor de sua vida. O que havia sentido por Sônia era um sentimento passageiro, uma ilusão, e trazia a consciência tranquila, pois sempre a tratara com muito respeito. Constatou por fim que seu amor por Judite era superior. Reconhecia, orgulhoso, que havia passado por um difícil teste, o da infidelidade, e havia obtido a vitória.

Quando Sônia voltou para casa, recolheu-se ao quarto e chorou muito. Ela amava Marcelo e acreditava ser correspondida. Entendera as gentilezas recebidas dele como o início de um romance. "Por que será que ele escondeu Judite de mim?", pensou. Estava desesperada e revoltada com a atitude de Marcelo em não ter contado a verdade. Havia feito planos; achava que ele seria o homem de sua vida, o pai de seus filhos. E ele sequer lhe contara que tinha uma namorada! "Será que estava com segundas intenções?" Não, ela logo descartou esse pensamento, pois ele sempre a havia tratado respeitosamente, sem nem um gesto que pudesse ser mal interpretado. "Por que ele fez isso comigo? Não percebeu que eu o amava?"

Com essa desilusão amorosa, Sônia passou a evitar a aproximação de outros pretendentes.

Passaram-se os meses lentamente, e ela ainda pensava em Marcelo. A mágoa foi minando suas forças físicas e psíquicas. Parecia estar em depressão. Descuidara-se e já não se apresentava bela como antes. Havia se afastado das festas na faculdade, do grupo de amigos; desinteressara-se por tudo o que não fosse seu trabalho voluntário.

Em uma noite quente de verão, quando se ajeitava melhor na cama, sentiu o calor do rosto em contato com o travesseiro. Examinou-se e percebeu que estava com febre. Tomou um remédio e preparou-se para dormir. Após algumas horas de sono agitado, despertou com problemas intestinais, agravados por fortes dores abdominais. Achou que fosse uma virose – o nome que se dá quando não se conhece a doença. Não conseguiu mais dormir. Seus pais insistiram para que fosse ao pronto-socorro, mas relutou o máximo possível.

Pela manhã, foi levada ao hospital-escola, sendo internada para receber a devida medicação e fazer os exames necessários. Devido à intensidade da diarreia, às dores e à presença de sangue nas fezes, foi medicada com hidratação intravenosa e analgésicos. O objetivo dos médicos era detectar o tipo de micróbio que causava a disenteria para aplicar corretamente a terapia antimicrobial. Os primeiros exames revelaram que ela estava com baixa resistência; precisavam saber o motivo. Amigos e parentes estavam preocupados e apreensivos com o avanço da doença. Por ordem médica, porém, somente os pais podiam visitá-la.

– Filha, coragem... Tudo passa. Você está sendo bem atendida e logo vai melhorar – disse-lhe a mãe, esforçando-se para não chorar na presença da filha querida.

Sônia respondeu apenas com um sorriso pálido; estava fraca, magra e com olheiras. Não revelara a ninguém sua vida pregressa, nem aos médicos que a atendiam. O estresse emocional desencadeara a doença. Estava perdendo peso rapidamente. Fora informada de que as células de seu sistema imunológico estavam reduzidas. Ela apresentava todos os sintomas de uma pessoa infectada pelo vírus da aids. Em decorrência, estava aflita, desesperada, sem forças para reagir. Às vezes, na solidão daquele quarto, pensava que morrer seria uma boa saída.

CAPÍTULO 33

CRIME DO DIRETOR DA MULTINACIONAL

Balduíno chegou ao seu apartamento de alto luxo mais cedo do que era esperado. Beijou a mulher e os filhos e dirigiu-se à biblioteca, sem escutar a pergunta da esposa sobre se havia jantado. Olhou de soslaio para certificar-se de que estava sozinho e retirou da última prateleira de livros uma fina caixa de madeira que parecia guardar um jogo de xadrez. Abriu-a com cuidado e, do seu interior forrado de veludo vermelho, pegou uma arma, manuseou-a com habilidade, carregou-a com a munição que estava na caixa e, em seguida, colocou-a na cintura, fechando o paletó para escondê-la. Voltou para a sala junto dos familiares, que estavam diante da televisão, e falou para a esposa:

— Meu amor, só dei uma passadinha para pegar um documento. Tenho que voltar para uma reunião, mas não devo demorar.

Ela, sem descolar os olhos da novela, que era mais importante que ele, acenou com a cabeça que estava tudo bem, já acostumada com aquelas saídas.

Balduíno plantou-se bem na frente do prédio de Madalena. Ficou à espreita dentro do carro, esperando a saída daquele veículo que havia gravado na memória. Tinha planos de usar o revólver apenas para assustá-la e submetê-la às suas vontades. Não era homem de matar ninguém. Não tinha coragem, mas sabia a importância de uma arma. Com o revólver, economizaria saliva, e as coisas se resolveriam com rapidez. "Tempo é dinheiro, e sou um homem de negócios. Se ela não vier por bem, virá por mal", pensava consigo mesmo.

Todos os dias, às dezenove horas, Balduíno ficava de prontidão, observando o prédio disfarçadamente. Ninguém achava estranha a presença dele ali. A rua era bem movimentada, com restaurantes e mesas na calçada, muita música e casais de namorados.

No quarto dia, o carro esperado apontou na saída da garagem. Balduíno sentiu o coração disparar e, de modo automático, passou a seguir aquele veículo. Madalena estava sozinha ao volante e dirigia-se ao shopping Eldorado, um dos maiores da cidade, unicamente para atender a um pedido de Eduardo: pegar na loja seu terno, que estava pronto, para ser usado em uma reunião importante no dia seguinte. A fim de não ser reconhecida, prendeu os cabelos e colocou um boné. Não percebeu que estava sendo seguida.

O executivo estacionou próximo ao carro dela, dentro do estacionamento, no segundo subsolo. O estacionamento estava lotado e era mal iluminado. Poucas pessoas circulavam naquele local, o que facilitaria sua aproximação. O diretor saiu de seu veículo e ficou escondido entre outros automóveis, aguardando o retorno da moça. Não demorou muito e Madalena apareceu na escada rolante, entrando no estacionamento. Levou um susto quando ouviu uma voz que lhe disse:

— Suzi, não grite, senão mato você aqui mesmo!

A voz daquele homem era suficientemente ameaçadora. Não havia ninguém por perto, e a arma brilhava no escuro. O susto foi tão grande que ela nem se deu conta de ter sido chamada pelo nome de Suzi. Ficou paralisada, pensando ser um assalto, mas ficou mais apavorada ainda quando reconheceu o mesmo homem do supermercado. Ele a abraçou com força e a foi arrastando até seu carro. Abrindo o porta-malas, ordenou com firmeza:

— Suzi, não fale uma palavra, que acabo com sua vida! Vamos rápido, entre!

Ajeitou a arma na cintura e fez menção de empurrá-la para dentro do veículo, quando sentiu um cano de revólver na cabeça.

— Solte-a, seu vagabundo, senão eu mato você!

Sem se virar, ele a soltou e levantou os braços. Ela caiu ao chão, desfalecida, enquanto a pessoa que o havia surpreendido, em um gesto rápido, tirou-lhe a arma da cintura. O executivo, covarde, ficou apavorado. Fora pego em flagrante e agora estava sob a mira do próprio revólver. Um moço que apareceu não se sabe de onde ajudou a jovem a levantar-se, pegou seus embrulhos e levou-a até o carro dela, procurando tranquilizá-la.

— Fique calma, vou levá-la até sua casa, pois sei onde você mora.

Ajudou-a a acomodar-se no banco do passageiro, sentou-se ao volante e, calmamente, sem despertar a atenção de ninguém, saíram do estacionamento.

Madalena, ainda se recuperando do leve desmaio, não entendia o que estava acontecendo, mas teve a intuição de que deveria obedecer ao jovem, enquanto chorava nervosa. Como ele sabia que aquele carro era o dela? Como sabia seu endereço? Ela nunca tinha visto aquele moço na vida.

– Você é o segurança do shopping? – perguntou.

– Não, eu trabalho com o meu tio. Só posso lhe dizer isso por enquanto.

Neste mesmo instante, o executivo era colocado no banco de trás do próprio carro, com as mãos amarradas nas costas com fita adesiva, tendo ao seu lado Pernambuco que o mantinha sob a mira do revólver. Ao volante, um jovem tirou o carro do estacionamento e tomou o rumo da favela do Calango.

– Se é dinheiro que vocês querem, tenho alguma coisa no bolso e posso arrumar mais algum nos caixas eletrônicos – falou o diretor, visivelmente aterrorizado.

– Não queremos seu dinheiro. Cale a boca, seu safado. Você vai aprender a respeitar as mulheres como se fossem sua filha.

As palavras "sua filha" foram acentuadas de tal maneira, que o inteligente diretor entendeu que o homem sabia que ele tinha uma filha.

– Desculpe, mas o senhor me conhece?

– Sim, doutor Balduíno Soreli, nós o conhecemos, e amanhã o senhor estará nas páginas de todos os jornais. Será seu prêmio pelo crime que cometeu.

– Não façam isso comigo, pelo amor de Deus. Eu tenho família, ocupo uma posição de destaque na empresa onde trabalho; não posso sair nos jornais. Pagarei o que for necessário para que tudo fique entre nós.

– Morto não paga, doutor Balduíno!

O diretor ouviu a ameaça e começou a chorar como se fosse uma criança.

– Não chore, covarde! Pense no que o senhor iria fazer com aquela moça e morra feliz!

– Pelo amor de Deus, não me mate, não me mate! Eu posso lhe dar dinheiro, muito dinheiro; não me mate!

– Aqui ninguém vai matá-lo. O senhor vai se suicidar e levar todo o seu dinheiro para o túmulo! Quem dá um tiro na cabeça com a própria arma é um suicida!

O executivo não parava de chorar:

– Não me mate! Não me mate!

O carro parou em uma estrada de terra totalmente isolada, e o doutor Balduíno foi puxado à força para fora do carro, sempre sob a mira do próprio revólver. Pegaram a caneta que ele trazia no paletó, soltaram suas mãos, entregaram a ele um pedaço de papel e ordenaram:

– Escreva sua carta de despedida, vagabundo safado!

– Mas eu não quero morrer!

– Então o senhor vai se suicidar sem carta mesmo! – O nordestino deu um violento soco no diretor da multinacional. – Respeite sua família, seu desgraçado! Escreva o que vou ditar!

– O que eu tenho que fazer?

– Escreva: "Querida Dulce, eu te amo".

– Meu Deus, você conhece a minha mulher?

– Conhecemos sua família mais do que você! Escreva! "Querida Dulce, eu te amo, mas resolvi acabar com minha vida." Escreva! "Fiz mal a uma moça e estou arrependido."

O diretor molhava a carta com as próprias lágrimas. Chorava e tremia, com dificuldade para segurar a caneta.

– Vamos, escreva! "Cuide bem da Cláudia e do Rafael, amores da minha vida." Escreva, seu covarde! "Amo todos vocês. Não fui um bom pai e mereço morrer."

– Chega, não aguento mais! Pare! Pare, pelo amor de Deus! – e caiu sentado, extremamente transtornado, os olhos arregalados e o rosto banhado em lágrimas. Juntou as forças que lhe restavam, ajoelhou-se e implorou: – Não me mate! Tenha pena de mim!

Seu algoz aproximou-se bem do seu rosto e falou pausadamente, com energia:

– O senhor não vai morrer, o senhor vai sumir desta cidade, sumir com toda a sua família! Sei que sua filha Cláudia estuda no Colégio Santos Dumont; que seu filho Rafael estuda no Liceu São Caetano. Conheço dona Dulce e os locais que ela frequenta; conheço todos os seus passos, seu covarde, e quero que isto lhe sirva de lição! Suma desta cidade ou diga adeus à sua família!

– Não faça mal para meus filhos, eu imploro!

– Não vou fazer com a Cláudia o que o senhor queria fazer com aquela moça! Mas, se o senhor não cumprir minhas ordens, voltarei para pegar um por um dos seus filhos!

Retirou as balas da arma e as guardou no bolso, limpou-a das impressões digitais e a jogou no colo do diretor, junto com as chaves do carro. Virou-se e sumiu na mata com seu sobrinho, tomando a direção da favela .

O executivo fora tomado de uma convulsão intestinal inesperada. Levantou-se com esforço, apoiou-se no carro e começou a andar com muita dificuldade. Havia sujado as calças.

CAPÍTULO 34

TRANSFERÊNCIA PARA O RIO DE JANEIRO

Eduardo separou aquele pacote de macarrão e passou a noite em claro. Achava que deveria ligar para aquele celular e descobrir se havia alguma relação com a crise de Madalena no supermercado.

Ao relatar os fatos para seu sócio, este o aconselhou a procurar Pernambuco e não se expor nem fazer nenhuma ligação para aquele celular. Deveria contratar alguém especializado. Como Madalena não tocou mais no assunto daquele episódio no supermercado, Eduardo não lhe contou sobre o detetive. Ela poderia não concordar com a investigação que seria feita. Ficou combinado que Pernambuco trabalharia em segredo.

De posse daquele número de telefone, o nordestino descobriu o nome da pessoa e seu endereço, depois o local de trabalho e detalhes de sua família. Um dos sobrinhos ficou encarregado de acompanhar todos os passos do homem, mas ainda não tinham conhecimento dos objetivos dele para com a futura esposa de Eduardo. A situação ficou clara, porém, quando o executivo plantou-se na frente da casa dela. A partir daquele momento, souberam que o caso era sério e reforçaram a guarda, até surpreenderem o agressor no estacionamento do shopping. Quando ele havia sacado a arma, suas intenções ficaram óbvias. Por precaução, não se aproximaram. Mas, quando dr. Balduíno colocou o revólver na cintura para empurrar a moça para dentro do porta-malas do carro, Pernambuco trabalhou do jeito que gostava. Apareceu do nada e encostou seu dedo na nuca do diretor, imobilizou-o e libertou a jovem. Depois completou o serviço fazendo justiça à sua maneira.

Madalena apareceu em casa nervosa, tentando se explicar. Eduardo contou-lhe então as providências que tinha tomado. Ela reconheceu que ele fora muito inteligente e que sua iniciativa de procurar o detetive salvara-lhe a vida. Sentiu-se envergonhada por ter escondido dele o acontecimento desagradável do supermercado, achando que o caso não se repetiria. Chorou agradecida e o abraçou, feliz por estar viva e em segurança, elogiando a eficiência do investigador e a gentileza de seu sobrinho. Eduardo comentou com sinceridade:

— Acho que Pernambuco caiu do céu. Está sempre resolvendo os nossos problemas!

Madalena e Eduardo fizeram uma sentida prece de agradecimento a Deus.

Naquela mesma noite, antes de se deitar, cobrado pela consciência, Eduardo buscou pela esposa, que estudava.

– Madalena, meu amor, vamos orar pelo homem que tentou matá-la!

– Você ficou louco?

– Justamente hoje, na Federação, tive uma aula que tratou do assunto "pagar o mal com o bem". Vou lhe mostrar o ensinamento de Jesus. – Tomou o Evangelho e passou a ler, ante o olhar assustado da esposa: – "Haveis aprendido que foi dito: Vós amareis vosso próximo e odiarei vossos inimigos. E eu vos digo: Amai os vossos inimigos; fazei o bem àqueles que vos odeiam e orai por aqueles que vos perseguem e vos caluniam; a fim de que sejais os filhos de vosso Pai que está nos céus, que faz erguer o Sol sobre os bons e sobre os maus, e faz chover sobre os justos e os injustos; porque, se não amardes senão aqueles que vos amam, que recompensa disso tereis?"[1]

– Não vou orar por ele, não. Se pudesse, eu o colocaria na cadeia! – respondeu a médica, revoltada com os últimos acontecimentos.

– Meu amor, a transformação do mundo tem de começar em nós. Temos de dar o primeiro passo. Este ensinamento de Jesus nos pede que amemos o próximo, que sejamos caridosos, e não custa nada orar por esse homem desequilibrado. Ele é um espírito em evolução que está equivocado diante dos valores da vida. Amanhã estará esclarecido e será um bom homem. Com nossas preces, poderá caminhar mais rápido, você não acha?

– Mas é difícil orar por ele.

– É difícil, mas não impossível. A maldade não é o estado permanente dos homens, é uma imperfeição momentânea. Assim

---

[1] Capítulo XII, "Amai os vossos inimigos". *O Evangelho segundo o Espiritismo*, de Allan Kardec.

como a criança se corrige dos seus defeitos, o homem mau um dia reconhecerá seus erros e se tornará bom.

— Espero mesmo que um dia ele fique bom, para não atacar mais ninguém.

— Então vamos orar por ele — pediu Eduardo, feliz por estar aplicando o que havia aprendido.

Sem muita convicção, um pouco desajeitada, Madalena orou assim:

— Pai de amor e de bondade, abençoa esse nosso irmão que atentou contra a minha vida. Que assim seja.

Eduardo sorriu e foi se deitar.

Doutor Balduíno Soreli chegou a sua casa totalmente fora de si, com as roupas sujas, cheirando mal, os olhos saltados como se fosse um demente. Contou à esposa que fora assaltado à mão armada. Não morrera por pouco. Os bandidos conheciam toda a sua família. Haviam prometido voltar para completar o serviço e levar mais dinheiro. Devido à insegurança da cidade, aceitaria a transferência oferecida para o escritório do Rio de Janeiro, onde haveria oportunidade de crescimento profissional. Depois do banho, tomou um calmante e deitou-se. No dia seguinte começaram os preparativos para a mudança urgente.

— Você não vai dar queixa na polícia? — perguntou a esposa preocupada.

— Não! Se fizer um Boletim de Ocorrência, vou ter que dar depoimentos, comparecer aos interrogatórios, depois fazer o reconhecimento dos bandidos. Não, isso não vai resolver nada; é até perigoso. Quero sumir o mais rápido possível. Só voltarei em caso de extrema necessidade!

Dona Dulce e os filhos nunca o haviam visto desequilibrado daquela maneira e resolveram acompanhá-lo; em apenas uma semana, instalavam-se na Cidade Maravilhosa.

CAPÍTULO 35

REMÉDIO AMARGO

As más notícias correm com o vento.

Um famoso infectologista de São Paulo recebeu uma ligação telefônica do colega que tratava Sônia em Uberaba. Conversaram sobre o caso. O infectologista pediu que os exames fossem enviados pela internet, para que pudesse estudar a situação com a urgência solicitada. Uma das médicas de sua equipe, que era a prima de Eduardo, reconheceu nos papéis o nome de Sônia, a ex-colega do curso de Medicina que fora transferida para o sul de Minas. Com a melhor das intenções, essa prima procurou algumas outras ex-colegas de curso, pedindo que fizessem uma corrente de orações por Sônia, resumindo o quadro que ela apresentava. Quem conhecia o passado de Sônia pensou o pior.

Se uma bomba tivesse estourado no apartamento de Eduardo, o estrago não teria sido tão grande. Quando Madalena desligou o telefone, apoiou-se para não cair. Ficou muito nervosa; não conseguia respirar, seu coração batia acelerado. Estava vivendo dias felizes, anotando os últimos preparativos para o casamento, quando recebera aquela notícia terrível! Ficara extremamente penalizada com a situação de Sônia. "De que valeram as precauções? De que valeram os cuidados com as doenças transmissíveis?", pensava.

Imaginando quanto a amiga deveria estar sofrendo, acabou acordando para sua situação: "Eduardo, sem saber, pode ter se contaminado e ser um portador do vírus. É bem possível! E, se ele estiver infectado, eu também estou!" Elevou os olhos para o alto e gritou amargurada:

– Senhor, meu Deus, ajuda-me! Não suporto mais! Estamos colhendo as consequências do que fizemos!

Sua visão escureceu, e ela desmaiou. Eduardo saía do banho, a tempo de escutar o barulho de sua queda no chão da sala. Correu para socorrê-la.

No dia seguinte, às sete horas da manhã, depois de uma noite em que não dormiram, chegaram ao laboratório da avenida Angélica para fazer o exame de sangue revelador. Estavam mudos e apreensivos. Eduardo a abraçava com carinho, na esperança de que ela parasse de chorar. Madalena não podia recriminá-lo. Ele não podia recriminá-la. Estavam enredados tragicamente, sorvendo resignados o remédio amargo da dor.

A manhã estava fria e chuvosa. No laboratório lotado, foi difícil arrumar um cantinho para se sentarem. Ficaram analisando o rosto de cada uma daquelas pessoas, avaliando a tristeza que cada um carregava dentro de si, imaginando como seria a vida deles após a confirmação do que esperavam.

Depois de longos minutos, que pareceram uma eternidade, a recepcionista os chamou para entregar os envelopes com o resultado do exame. Abriram trêmulos e leram: negativo. Abraçaram-se e choraram convulsivamente, sem se importarem com as pessoas que os olhavam assustadas. Madalena rasgou os papéis e os jogou na primeira cesta de lixo que encontrou. Em seguida fechou os olhos, respirou profundamente e disse com bom humor:

– Quer saber de uma coisa? Vamos nos casar o mais rápido possível, antes que apareça mais alguma coisa! – e sorriram felizes e aliviados, enquanto enxugavam lágrimas de alegria. Saíram do laboratório correndo como duas crianças, como se estivessem atrasados para a cerimônia do casamento. No entusiasmo da corrida, Madalena deixou Eduardo para trás.

Os médicos conseguiram isolar a bactéria que causava os sintomas em Sônia e aplicaram o antibiótico adequado. A suspeita de aids fora infundada. Depois do sofrimento prolongado, a recuperação foi rápida.

Hans, um dos médicos que a atendera, professor da faculdade, sentira-se atraído por ela e passara a lhe dispensar as melhores atenções. Ela também havia gostado dos cuidados e gentilezas que recebera. Ele era de Santa Catarina, alto, descendente de alemães, de olhos azuis. Viera para estudar e não retornara mais para a terra natal. Apegara-se ao trabalho e às belezas de Uberaba. Não se conheciam, apesar de frequentarem os mesmos locais.

Depois que Sônia teve alta, ele esperou uma semana para que ela se recuperasse bem e a convidou para jantar em um dos mais refinados restaurantes da cidade. Ela adorou o convite e começou a se interessar pelo seu pretendente; descobriu nele virtudes que a deixaram encantada. Dentro de poucos dias, já se apresentavam aos amigos como namorados.

CAPÍTULO 36

CASAMENTO

No dia 12 de junho, data comemorativa do Dia dos Namorados, quando Madalena cruzou o salão de festas do luxuoso bufê da avenida Bandeirantes, conduzida por Belarmino, a banda iniciou os primeiros acordes da música *Os Miseráveis*. Os convidados se levantaram e ficaram emocionados com a beleza daquele quadro.

Madalena se dirigiu à esquerda do salão, onde o cartório montara uma mesa para a cerimônia civil do casamento. Eduardo a aguardava ao lado do juiz de paz. Os padrinhos dos noivos estavam perfilados ao lado direito da mesa, obedecendo ao que fora determinado pelo cerimonial. O salão estava repleto de rosas vermelhas em arranjos de mesas, corredores, laterais da pista de dança e na frente do palco, contrastando com as toalhas brancas das mesas redondas e as cortinas salmão que cobriam as grandes janelas. Os enormes lustres de cristal que pendiam do teto davam um ar nobre à festa tão esperada.

Quando Eduardo viu Madalena, admirou-a como se a estivesse vendo pela primeira vez. O azul-violeta de seus olhos nunca estivera tão lindo como naquela noite. Seus cabelos castanho-escuros, suavemente encaracolados, caindo sobre os ombros nus e presos por uma tiara de flores, tinham-na transformado em uma deusa do Olimpo. Ela retribuiu o olhar de seu amado com um sorriso encantador. Ele permitiu que uma lágrima rolasse por sua face e a recebeu dos braços de seu pai, a quem cumprimentou com um beijo.

Belarmino retirou os óculos pesados e, com um lenço, enxugou os olhos e o suor da testa, estampando no rosto a alegria que tomava conta de sua alma. Ninguém melhor do que ele poderia avaliar o significado daquela cerimônia. Rememorou em segundos a vida da filha, as dificuldades no período da mocidade, a alegria do ingresso na faculdade, o começo do namoro, o ato tresloucado, o arrependimento e a regeneração, sua realização profissional, o início dos trabalhos voluntários, e agora a união oficial com um moço bom que o chamava carinhosamente de pai. Não tinha alegria maior que presenciar a felicidade daqueles espíritos.

Os padrinhos dos noivos, testemunhas do ato civil, acompanhados das mulheres, estavam elegantemente trajados. Ao lado de Cláudio, sócio de Eduardo, encontrava-se Pernambuco, em um fino terno xadrez, um pouco contrariado por ter sido obrigado a declinar seu nome nos documentos do cartório – Severino Celestial –, tendo sido alvo de uma brincadeira do noivo: "Não estava errado quando disse que você caiu do céu". Também estava presente João Otávio, rapaz que atendera Eduardo quando chegara pela primeira vez à Federação Espírita.

Após as assinaturas no livro próprio e a troca das alianças, o juiz de paz, um homem baixinho de cabelos brancos, com voz pausada e cara de vovô bonachão, dirigiu-se ao jovem casal:

– Peço licença para citar o pensamento do filósofo baiano Adenáuer Novaes: "Se você quiser ser feliz, não se case. Mas, se você quiser fazer a felicidade do outro, então se case". Isso quer dizer que, para sermos felizes, precisamos combater o egoísmo[1], causa de todos os males aqui na Terra. A caridade é a fonte de todas as virtudes. Vocês devem se preocupar unicamente com a felicidade do outro, e não com a satisfação de suas vontades. Somente agindo e pensando dessa forma serão felizes. Lembrem-se do maior ensinamento que Jesus nos deixou: "Amai-vos uns aos outros como eu vos amei", isto é, amar com desinteresse, sem esperar recompensas, sem exigências; amar unicamente pelo prazer de amar. Assim, tenho certeza, terão uma vida plena de alegrias e satisfações, com harmonia e muita paz. A casa de vocês será um pedacinho do céu aqui na Terra. Que Deus os abençoe! – e permitiu que os noivos se beijassem sob os *flashes* dos fotógrafos.

---

1 Pergunta 913 de *O Livro dos Espíritos*, de Allan Kardec: "Dentre os vícios, qual o que se pode considerar como radical?
R – Nós o dissemos muitas vezes: é o egoísmo. Dele deriva todo o mal. Estudai todos os vícios e vereis que no fundo de todos está o egoísmo. Inutilmente os combatereis e não conseguireis extirpá-los enquanto não houverdes atacado o mal em sua raiz, não houverdes destruído a causa. Que todos os vossos esforços, portanto, tendam para esse objetivo, porque aí está a verdadeira chaga da sociedade. Todo aquele que quer se aproximar, desde esta vida, da perfeição moral deve extirpar de seu coração todo sentimento de egoísmo, porque o egoísmo é incompatível com a justiça, o amor e a caridade. Ele neutraliza todas as outras qualidades".

Após receberem os cumprimentos de padrinhos, parentes e amigos, Madalena inclinou-se e falou baixinho para seu pai, que já estava na mesa dos noivos:

— Pai, não sei se o senhor o conhece, mas o doutor Reynaldo Leite... não olhe agora, papai, que é feio! Ele está ali ao lado daquela mesa, sorrindo para mim, mas não me lembro de tê-lo convidado. Embora sua presença me deixe muito feliz.

— Filha, tive o prazer de ouvi-lo em duas cidades diferentes. Ele é orador, escritor e médium espírita, mas você deve estar tendo uma visão espiritual, porque ele desencarnou no mês passado.

Madalena voltou rapidamente o olhar e ainda pôde vê-lo sorrindo. Então captou seu pensamento, que lhe dizia:

— Esta sua reencarnação é que vai fazer a diferença. Não perca tempo. Faça todo o bem que estiver ao seu alcance e não desanime diante das dificuldades. Siga em frente. Jesus estará sempre com você!

Madalena inclinou a cabeça para esconder as lágrimas e elevou seu pensamento a Deus em uma prece de gratidão. Ainda envolvida pelas orientações que haviam lhe tocado a alma, divisou, surpresa, uma luz que se aproximava de sua mesa, de um azul resplandecente que feria os olhos, tal sua grandiosidade. Todo o ambiente ficou envolvido em vibrações de paz. Flocos de luz despencavam do teto e tocavam os convivas. Reconheceu de imediato que aquele anjo em forma de mulher era sua mãe. Foi tomada de intensa alegria e não controlou as lágrimas de felicidade pelo reencontro jubiloso. Fechou os olhos para acalmar-se, mas a visão tornou-se ainda mais clara. Sua mãe lhe disse então com imensa ternura:

— Minha filha querida! Como você está linda! Recebi permissão dos meus superiores para visitá-la e estou muito feliz por estar com você nesta data especial. Você está se casando com um moço bom. Juntos realizarão os planos idealizados quando ainda se encontravam no plano espiritual, antes da presente encarnação. Sua vida será marcada por muitas dificuldades e atribulações, pois estamos num planeta de expiação e provas, mas, se perseverar no bem, vencerá. Nossa obrigação é servir. Não desanime jamais. – Nisso, Madalena lembrou-se de seu passado e, envergonhada, falou entre soluços:

– Me perdoe, mamãe, me perdoe!

– Não fique assim, não tenho nada do que perdoá-la. Meu amor por você é superior a tudo. Esqueça o passado. Não fique se questionando, remoendo atitudes infelizes. Nos planos superiores da vida, Jesus intercedeu por você, trabalhou pela sua regeneração. Jesus é o amor que alimenta nossa alma, e precisa de você para amparar nossos irmãos desprovidos de tudo.

Mesmo ouvindo a mãe, que lhe falava com infinita doçura, Madalena não acreditava na interferência de Jesus em sua vida. Não se considerava digna da Atenção Divina e perguntou inquieta:

– Mas Jesus se lembrou de mim, assim como você está falando?

– Sim, minha filha. Ele não disse que os doentes precisam de médico?[2] Você nunca foi abandonada pelo doce Rabi da Galileia. Mas agora a situação é diferente. Você já reúne condições de trabalhar com Ele, aliviando as dores e o desespero de muitos corações. Servindo a Jesus, extirpará gradativamente os vícios e as inclinações perniciosas das últimas existências. Vai curar-se e sentir as recompensas espirituais do trabalho digno. – Fez uma

---

2 Refeição com os pecadores: "Aconteceu que, estando à mesa, em casa de Levi, muitos publicanos e pecadores também estavam, com Jesus e os seus discípulos – pois eram muitos os que o seguiam. Os escribas dos fariseus, vendo-o comer com os pecadores e os publicanos, diziam aos discípulos dele: 'Quê? Ele come com os publicanos e pecadores?' Ouvindo isso, Jesus lhes disse: 'Não são os que têm saúde que precisam de médico, mas os doentes. Eu não vim chamar justos, mas pecadores'" (Marcos, 2:15-17).

pausa para que Madalena pudesse assimilar suas palavras, e completou sorrindo: – Não acha melhor aproveitar esta noite maravilhosa e vibrar com as alegrias da festa?

Madalena raciocinou sobre o que a mãe lhe dissera e não conteve as lágrimas quando soube que, apesar das escolhas que fizera, Jesus nunca a havia desamparado. Ela não se julgava merecedora da atenção do Amigo Sublime e prometeu a si mesma que não iria decepcioná-lo. Foi com imensa gratidão que disse entre lágrimas:

– Mamãe, você não pode imaginar como esses ensinamentos estão sendo bons. Você me fez compreender a misericórdia divina, o infinito amor de Jesus. Aprendi que Ele nos ama como somos, pecadores ou não, sem exigir certificado de santidade. Este foi um presente sublime, mamãe! Agora que tenho esse entendimento, posso afirmar que estou pronta para o trabalho! Ele pode contar comigo! – falou, sem conter as lágrimas de felicidade.

– Não perca tempo! Estarei acompanhando seus passos de onde estiver. Você será muito feliz!

Abraçou e beijou a filha renovada, retirando-se do ambiente com a certeza de que Madalena ingressava definitivamente nas fileiras do bem – uma nova vida, com novas oportunidades e muitas tarefas redentoras.

Apesar da extensão dos ensinamentos, aquele encontro espiritual representou apenas alguns segundos. Belarmino, que estava a seu lado, notou que ela estava de olhos fechados e extravasava suas emoções. Com suavidade, puxou-a para junto de si e, carinhosamente, acolheu-a em seu peito em um abraço carinhoso. Madalena reconheceu aquele gesto de proteção e chorou mais ainda, agradecendo a Deus pelo pai que recebera nesta existência. Em seu íntimo, prometeu ampará-lo na velhice e retribuir todo o amor que recebera dele em uma fase da vida em que estava cega, sem condições de reconhecer a joia preciosa que tinha dentro de casa.

Eduardo aproximou-se, e ela levantou-se sorridente. Começaram a dançar. Sua alegria era contagiante, nunca estivera tão feliz. Dançou com todos os padrinhos e admirou-se de um deles que dançava muito bem, com bastante desenvoltura. Era Pernambuco, que, ao receber o elogio, abriu um sorriso orgulhoso e explicou que gostava de dançar e que havia ganhado, quando jovem, um concurso de forró em sua cidade natal.

Madalena já tinha voltado para sua mesa, a fim de descansar um pouco, quando foi interrompida pelos gritos e abraços de alegria dos alunos das Casas André Luiz, que compareceram em massa.

Eduardo e Madalena frequentam uma casa espírita próxima do apartamento onde moram. Ele é dirigente de cursos doutrinários e ela trabalha como médium, com dons de cura, psicografia e vidência. Especializou-se em Homeopatia, tem consultório no bairro Higienópolis, na cidade de São Paulo, e continua trabalhando como voluntária nas Casas André Luiz. Por enquanto, têm um casal de filhos. Recentemente ela ingressou na Associação dos Médicos Espíritas, por intermédio da dra. Marlene Nobre.

Sônia formou-se em Medicina e especializou-se em doenças infectocontagiosas. Casou-se com Hans e ainda não tem filhos. Trabalham juntos na mesma clínica. Ela continua participando ativamente, duas vezes por semana, como voluntária na Casa do Caminho, de amparo às vítimas da aids em Uberaba. Hans tornou-se espírita recentemente e iniciou a leitura das obras de André Luiz, psicografadas por Chico Xavier.

CENTRO ESPÍRITA EURÍPEDES BARSANULFO

O Centro Espírita Eurípedes Barsanulfo foi inaugurado em 1º de novembro de 1994, no bairro Águas do Paiol, na cidade de Araraquara (SP). Além das atividades habituais de uma instituição espírita, voltadas para o estudo e a divulgação do espiritismo, com a implantação de cursos doutrinários, iniciou os trabalhos de distribuição de sopa, leite, sapatos, roupas e agasalhos, corte gratuito de cabelo às segundas-feiras e alfabetização de adultos, entre outras atividades, em prol da população carente.

Logo que o centro abriu as portas, notou-se a dificuldade do jovem em conseguir o primeiro emprego, principalmente por falta de profissionalização. Com isso, foi iniciada a construção da Escola Espírita Eurípedes Barsanulfo, com 700 metros quadrados e 15 salas de aula, além de uma quadra poliesportiva coberta de 900 metros quadrados.

A escola iniciou suas atividades em maio de 2007 e já formou mais de 5.000 jovens nos cursos gratuitos de profissionalização, em convênio com o Serviço Nacional de Aprendizagem Industrial (Senai), tendo implantado, no período noturno, os cursos semestrais de eletricista residencial, hidráulica residencial, eletricidade de autos, informática básica e avançada, pedreiro, pintor de paredes, reparador de aparelhos eletrodomésticos, costura industrial, manutenção de máquinas de costura industrial, auxiliar administrativo, assistente de recursos humanos, assistente contábil, operador de caixa, atendimento ao cliente, agente de vendas, crédito e cobrança, telemarketing, mecânico de refrigeração e climatização residencial. Está planejada a implantação de outros cursos.

Nos períodos matutino e vespertino, a Escola acolhe mais de 200 crianças de 6 a 15 anos, no contraturno escolar, onde praticam dança (dança de rua, sapateado e jazz), educação para valores, linguagem, música (coral, flauta e percussão), esportes (futebol de salão, vôlei, basquete), artesanato sustentável, artes plásticas, teatro e informática, para tirá-las das situações de risco. Quando completam 14 anos são matriculadas nos cursos profissionalizantes e ingressam no Projeto Jovem Aprendiz, preparadas para serem admitidas nas empresas da cidade e começarem uma vida profissional vitoriosa!

Centro Espírita Eurípedes Barsanulfo
CNPJ 00.977.115/0001-30
Rua Alice Pavão Cariza, 372, Águas do Paiol
CEP 14804-162 – Araraquara, SP
Fone: (16) 3331-5960

www.institutoeuripedes.com.br

Contato com o médium: ariovaldocesarjunior@gmail.com

QUEM FOI EURÍPEDES BARSANULFO?

Eurípedes Barsanulfo nasceu em 1º de maio de 1880, na pequena cidade de Sacramento, Estado de Minas Gerais, e desencarnou na mesma cidade, aos 38 anos de idade.

Cedo manifestou-se nele profunda inteligência e senso de responsabilidade, acervo conquistado naturalmente em experiências de vidas pretéritas. Bem moço, já era muito estudioso e apresentava tendências para o ensino, por isso foi incumbido pelo seu mestre-escola de ensinar os próprios companheiros de aula.

Respeitável representante político de sua comunidade, tornou-se secretário da Irmandade de São Vicente de Paula, tendo participado ativamente da fundação dos jornais *Gazeta de Sacramento* e *Liceu Sacramentano*. Logo viu-se guindado à posição natural de líder, por conta de sua segura orientação quanto aos verdadeiros valores da vida.

Por meio de informações prestadas por um dos tios, tomou conhecimento da existência dos fenômenos espíritas e das obras da Codificação Kardequiana.

Diante dos fatos, voltou por completo suas atividades para a nova Doutrina, pesquisando por todos os meios e maneiras, até se desfazer totalmente de suas dúvidas.

Desperto e convicto, converteu-se sem delongas nem esmorecimentos, identificando-se plenamente com os novos ideais, em uma atitude sincera e própria de sua personalidade. Procurou o vigário da igreja matriz onde prestava sua colaboração, colocando à disposição deste o cargo de secretário da Irmandade.

Tal acontecimento repercutiu com estrondo entre os habitantes da cidade e os membros de sua própria família. Em poucos dias, começou a sofrer as consequências da atitude incompreendida.

Persistiu lecionando e, entre as matérias, incluiu o ensino do espiritismo, provocando reação em muitas pessoas da cidade, sendo procurado pelos pais dos alunos, que chegaram a oferecer-lhe dinheiro para extinguir a nova matéria. Ante sua recusa, os alunos foram retirados um a um.

Sob pressões de toda ordem e impiedosas perseguições, Eurípedes sofreu forte traumatismo, retirando-se para tratamento e recuperação em uma cidade vizinha, época em que nele desabrocharam várias faculdades mediúnicas, em especial a de cura, despertando-o assim para a vida missionária. Um dos primeiros casos de cura ocorreu justamente com a própria mãe, que, restabelecida, tornou-se valiosa assessora em seus trabalhos.

A produção de vários fenômenos fez com que fossem atraídas para Sacramento centenas de pessoas de outras paragens, que abrigavam-se em hotéis e pensões da cidade, e até mesmo em casas de famílias, pois Barsanulfo atendia a todos; ninguém saía sem algum proveito, no mínimo levando consigo o lenitivo da fé e da esperança renovadas e, quando merecido, o benefício da cura, por meio de bondosos Benfeitores Espirituais.

Barsanulfo auxiliava a todos, sem distinção de classe, credo ou cor, e, onde se fizesse necessária sua presença, lá estava ele, houvesse ou não condições materiais.

Jamais esmorecia. Com humildade, seguia seu caminho repleto de percalços, porém animado do mais vivo idealismo. Sentiu a necessidade de divulgar o espiritismo, aumentando o número dos seguidores da Doutrina. Para isso, fundou o Grupo Espírita Esperança e Caridade no ano de 1905, tarefa na qual foi apoiado pelos irmãos e por alguns amigos, passando a desenvolver trabalhos interessantes, tanto no campo doutrinário quanto em atividades de assistência social.

Em certa ocasião, caiu em transe em meio aos alunos, no decorrer de uma aula. Voltando a si, descreveu a reunião havida em Versailles, na França, onde fora assinado o tratado do fim da Primeira Guerra Mundial, dando os nomes dos participantes e a hora exata da reunião.

Em 1º de abril de 1907, fundou o Colégio Allan Kardec, que se tornou verdadeiro marco no campo do ensino. Esse instituto passou a ser conhecido em todo o Brasil, tendo funcionado de modo ininterrupto desde sua inauguração, com média de 100 a 200 alunos, até o dia 18 de outubro de 1918, quando foi obrigado a cerrar suas portas temporariamente devido à grande epidemia de gripe espanhola que assolou o país.

Seu trabalho ficou tão conhecido que, ao abrirem-se as inscrições para matrículas, estas se encerravam no mesmo dia, tal a procura dos alunos, obrigando um colégio da mesma região, dirigido por freiras da Ordem de São Francisco, a encerrar as atividades por falta de frequentadores.

Barsanulfo seguiu com dedicação as máximas de Jesus Cristo até o último instante de sua vida terrena, que chegou ao fim com a pavorosa epidemia de gripe que assolou o mundo em 1918, ceifando vidas, espalhando lágrimas e aflição, e redobrando o trabalho do grande missionário, que a previra muito antes de invadir o continente americano, sempre falando na gravidade da situação que ela acarretaria.

Manifestada em nosso continente, a epidemia levou Eurípedes à cabeceira de seus enfermos, auxiliando centenas de famílias pobres. Havia chegado o término de sua missão terrena. Esgotado pelo esforço despendido, desencarnou no dia 1º de novembro de 1918, às 18 horas, rodeado de parentes, amigos e discípulos.

Sacramento em peso acompanhou-lhe o corpo material até a sepultura, sentindo que ele ressurgia para uma vida mais elevada e mais sublime.